●本の未来を考える=出版メディアパル No.34

知の創生と編集者の冒険

植田康夫の最終講義「出版の過去・現在・未来」

植田 康夫 著

出版メディアパル

まえがき
歴史的視点からの出版状況論を

■ "出版敗戦"の現実とその展望

　出版の危機が論議されるようになって、かなりの時間が経つ。
　かつては、毎年のように右肩上がりの成長を示していた出版物の販売金額が前年比マイナス成長に転じたのが、1997年のことであったが、以来、マイナス成長の道を歩んでいるが、今後も続きそうである。

■ 「雑誌を中心とした出版流通」という日本独自のシステム

　明治から大正期にかけて創業し、現在も続いている出版社は、最初、雑誌を発行することによって出発した出版社が多く、それらの出版社は、雑誌を中心とした近代出版流通システムに依拠してきた。
　明治から大正期にかけて創業し、今も続き、大きくなっている出版社は、中央公論新社、新潮社、実業之日本社、講談社、小学館、文藝春秋、主婦の友社などだが、これらの出版社は、最初雑誌の発行で出発し、後に書籍を出版するようになった。だから、雑誌を中心とした近代出版流通システムの恩恵にあずかっているのだが、その近代出版流通システムは、前記の出版社以外の、ある出版社が構築したと言ってよい。その出版社の名前は博文館である。
　同社は1887年（明治20年）に『日本大家論集』という雑誌を創刊することによって創業したが、この雑誌は当時発行されていた雑誌の中から面白い記事を集録するという形で発行され、増刷までして、最初から利益を計上した。
　博文館は以後、多種多様な雑誌を発行し、経営規模を拡大していくが、やがて出版物が多くなると、東京堂という取次会社を設立し、自社の出版物の取次を行うようになり、この会社は他の出版社の出版物の取次も行うようになる。

その東京堂は、出版取次業としてのビジネスモデルを創出し、雑誌を中心とする出版流通システムの型を作り出していく。明治後期になると、東京堂以外にも、大きな取次会社が生まれるが、それらの取次会社も雑誌を中心とした出版流通という近代日本の生み出したシステムに基づく経営を行った。

そのことによって、欧米における書籍を中心とした出版流通とは異なるシステムを作り出していったのだが、このシステムは委託販売による返品の許容と、定価販売の実施によって強固なものとなり、発展していった。

■ 出版論に新たな視点を

委託販売は、明治後期に実業之日本社が実施したといわれるが、東京堂を作った博文館は委託販売でなく、買切制を守ったため、大正期から昭和初期にかけて台頭してきた講談社に取って代わられる。講談社は、実業之日本社が実施した委託販売制を導入することによって、大部数の雑誌を成功させた。

定価販売は、大正初期に古書店として創業した岩波書店が実施し、それを新刊書店が真似するようになったという事実もあるが、戦後は独占禁止法の適用除外という制度によって、法律的にこのシステムが守られるようになる。それが再販売価格維持制度（再販制度）という形になり、委託販売制度と再販制度を核とする近代出版流通システムを発展させ、出版産業は成長してきた。

今、その「出版ビジネスを支える基盤」が揺らいでいる。要因は1つではないが出版再生の道は、「歴史的視座に立った分析の中から生まれる」に違いない。

本書が出版を学ぶ、若い人たちに読まれ、その中から、時代を切り開く夢と冒険の道を歩む人が誕生することを願っている。

2017年8月26日

誕生日に…　植田　康夫

目次

目　次
知の創世と編集者の冒険
―植田康夫の最終講義「出版の過去・現在・未来」―

■ まえがき …………………………………………………………………… 2

第1章　エディターシップによる「知」の創生 ………………………… 7
　第1節　週刊読書人と私の50年／8
　　1　私が新聞学科に入学した動機／8
　　2　入学した頃の上智大学／9
　　3　上智大学とモッキンポット師／10
　　4　『週刊読書人』との出会い／11
　第2節　出版の原点とエディターシップ／14
　　1　「出版とは何か」―編集論の視座から／14
　　2　編集の根幹 ―編集者の役割／15

第2章　「出版者」の誕生と冒険 ―近代出版が歩んだ道― ……… 29
　第1節　「委託販売制度」の成立と役割を再考する／30
　第2節　本はいつから「値引き」されなくなったのか／35
　第3節　「取次」が主導した日本の出版流通／40

第 4 節　出版取次の源流 ―“本の流れ” はどう作られたか／45

第 5 節　博文館の隆盛と戦前最大の取次「東京堂」／49

第 6 節　“明治の出版王” 大橋佐平と息子・新太郎／55

第 7 節　“出版王国” を揺さぶった「返品自由」の衝撃／60

第 8 節　「王座」の変遷 ―100 年史に見る興亡のドラマ／65

第 9 節　日本的出版の原点を追って ―雑誌『雄弁』誕生物語①／70

第 10 節　“素人仕事の熱情” が生んだ成功 ―雑誌『雄弁』誕生物語②／75

第 11 節　本格的な大衆娯楽雑誌の時代へ／80

第 12 節　「新講談」―新しい時代の娯楽への序章／85

第 13 節　“出版の雄” の 100 年の歩みから見えるもの／90

　　　　◇　講談社社長の野間清治による 21 ヶ条の編集訓／96

第 3 章　日本出版学会と出版研究　　97

第 1 節　在野的で自立的な学会をめざして／98

　　　　◇　バイタリティのある学会をめざして／105

第 2 節　『週刊読書人』と出版ジャーナリズム／106

　　　　◇　戦後教育第 1 世代の読書環境／109

第 3 節　『出版の冒険者たち。』への讃歌／110

■索　引　　113

■あとがき　植田康夫先生への鎮魂歌　　114

本書を発行するにあたって

2012 年に本書の執筆をお願いしてから 6 年もの時間が経過した。

その依頼書には「いま、編集現場で活躍している若い編集者のための啓蒙書として、出版史の中から、近代の日本の出版社がどのような道を歩んできたのか解説し、出版の可能性と近未来を考える入門書としたいと考えています」とある。

本書は、近代出版社の誕生の軌跡を追いながら、「近代出版通史」を意図していた。その後、植田康夫先生は、体調を崩され、本書の企画を実現できないまま、本書の素案原稿は、編集者の本箱で発行のチャンスを待っていた。

植田康夫先生は、2018 年 4 月 8 日、彼岸へ旅立たれた。メッセージとして残された「現状を分析するだけでなく、歴史的な視点の確立を」を指針に、本書の発行を試みた。

2018 年 8 月

出版メディアパル編集長　下村昭夫

第1章

植田康夫最終講義ノート
エディターシップによる
「知」の創生

　本章は、上智大学教授を退任するにあたり、2008年1月26日に行われた「最終講義ノート」である。

　テーマに掲げた「知」の創生という命題は、考えてみれば平凡な真理かもしれないが、その根底にある「創造力」は、現代の出版界に最も要請されるものであることを改めて感じざるを得ない。

　出版という行為は「はじめに創造力ありき」という言葉に尽くされるのだが、このことを認識するために、私自身は、『週刊読書人』の編集を通じて、多くのことを学んだといえる。また、「知」の創生という命題は、「編集論」「出版論」「雑誌論」などの講義を通じて、学生諸君とともに「出版学」を学んできた基本命題であるともいえる。

　この「最終講義ノート」は、講義レジメを骨子に、当日配布した「出版人はpublishの精神で」「上智大学とモッキンポット師」などの資料や日本出版学会誌『出版研究』に発表した「編集論」を加えて構成している。

　なお、本書とは別に、最終講義の記録は、上智大学新聞学科の紀要『コミュニケーション研究』38号（2008年3月発行）に掲載した。併せてご覧いただければ幸いである。

第1章　エディターシップによる「知」の創生

第1節
週刊読書人と私の50年

■1　私が新聞学科に入学した動機

　私の人生は、島根県の片田舎で過ごした中学時代と高校時代に読んだ2冊の本によって決まったと言ってよい。2冊のうち、1冊は中学時代に読んだ小川菊松氏の『出版興亡五十年』（誠文堂新光社）であり、もう1冊は高校時代に読んだ酒井寅吉氏の『ジャーナリスト ―新聞に生きる人びと』（平凡社）である。

　前者は、誠文堂新光社の創立者である小川氏が、取次業を振り出しに、やがて出版を手がけるようになり、専門書や専門雑誌の出版で独自の道を拓いた小川氏が、自分の生きてきた出版界の裏表と、自社の歩みについて回想したものだが、今読んでも読み物として実に面白い。

　当時、中学生だった私は、この本を新聞広告で知り、郵便局の振替払込みで注文して手に入れ、むさぼり読んだものである。

　また後者は、戦前、『朝日新聞』記者として言論弾圧事件の"横浜事件"に連座し、戦後は『時事新報』や『産業経済新聞』『東京新聞』などの編集に関わった酒井氏の自伝であるが、このような本を私が読んだのは、小学校の高学年から学校新聞の編集にたずさわったりして、新聞や出版の仕事に関心を持つようになったからである。特に高校時代は、学校の勉強が二の次になり、学校新聞の編集以外に、友人と協力してタイプ印刷の雑誌を作り、級友や先生に売ったものである。

　そのため、出版や新聞の世界について書かれた2冊の本は、私に大きな影響を与え、やがて私をジャーナリスト志望にさせた。小川氏の本からは出版編集の面白さを教えられ、酒井氏の本からはジャーナリストの仕事が社会正義を実現するものであることを教えられたが、私は、ジャーナリズムの世界に強く魅

第1節　週刊読書人と私の50年

かれ、高校3年になった時、迷うことなく、大学は新聞学科のある学校を受験することにした。

■ 2　入学した頃の上智大学

　昭和30年代当時、新聞学科のある大学として、私が選んだのは早稲田大学と上智大学であった。早稲田には政経学部に、上智には文学部にあったが、私が入学できたのは上智の新聞学科だった。もっとも、新聞学科の歴史は上智が古く、早稲田の新聞学科は、その後なくなったので、今考えると上智への入学は正解だったのかもしれない。

　今でこそ上智大学といえば、私立では早稲田、慶應に並ぶ受験難関校として評価され、地方でも名の知られた大学となっている。そして、上智大学というと、女子学生が優秀であるというイメージが強く、一部で、"女東大"などと呼ばれることもある。

　しかし、その上智大学も昭和30年代までは、現在のイメージとは、まるで逆の学校であった。何にしろ、上智大学といっても地方では全然名前が知られず、受験難関校でもなかった。そのうえ、1956年（昭和31年）までは、上智には女子学生がいなかった。

　現在の上智を知る人なら、「えっ」と驚かれるかもしれないが、これは事実なのである。受験難関校でなかったことは、島根県の片田舎の高校の出身で、秀才でもない私が、現役で文学部の新聞学科に入学できたという事実が証明している。

　私が入学したのは1958年（昭和33年）であるが、この年は、カトリック系大学の上智に女子学生が試験を受けて入学した最初の年である。前年の1957年に編入で4名の女子学生が入学したが、名実共に男女共学となったのは、1958年からである。そのため、私が入学した年の新聞学科は、43名の学生のうち、女子はたったの1名であった。そんな状況だった上智大学には、以後、年々女子学生が増え続け、現在、定員が60名の新聞学科では、男女の比率で女子が50パーセント以上になる学年もある。

9

■ 3　上智大学とモッキンポット師

　昭和30年代の上智と現在の上智ではこんなに違うのだが、井上ひさし氏が
上智大学に入学したのは、1953年（昭和28年）のことである。文学部ドイツ
学科に入学したのだが、井上氏自作の年譜によると、「ドイツ語がちっともお
もしろくなく閉口した。それに大学の神父たちが冷淡なのにも落胆した」た
め、その年の「夏休みに帰省した岩手県の釜石市にしばらく落ち着くことにし
た」という。そして、1956年（昭和31年）、21歳の時、「2年あまりかかって
貯めた15万円を持って上京し、上智大学の外国語学部フランス語学科に復学」
している。

　その経験から判断すると、1958年入学の私と1956年復学の井上氏とは1958
年4月から1960年3月にかけて、学部学科は違っても、同じ時期に上智に在
籍したこととなる。その頃の上智にはまだ理工学部も比較文化学部もなく、学
生数も全体で3000名くらいだった。

　そんな上智に復学した井上氏は、復学の年の10月に浅草フランス座の文芸
部員に採用され、それがきっかけで、芝居への関心を深め、戯曲を書くように
なる。その辺のいきさつは、井上氏の小説『モッキンポット師の後始末』（講
談社文庫）に描かれているが、この小説をはじめとする、「モッキンポット師・
シリーズ」の主人公ともいうべきモッキンポット師は、上智大学の外国語学部
にフランス語学部を創設するために尽力した同学科の学科長を一度務めたフラ
ンス人の神父ポール・リーチ氏であるというのは、一般にも知られている。

　『モッキンポット師の後始末』の冒頭には、「モッキンポット神父は甚だ風采
の上らない、目付に険のある、天狗鼻のフランス人で、ひどく汚ならしい人
だった」と書かれているので、ご本人はどう受けとめられていたか知らない
が、とにかく、モッキンポット師のモデルがポール・リーチ氏であることはま
ぎれもない事実である。

　小説において、井上氏はリーチ氏を戯画的に描いているが、この神父が教育
に熱心で、学生たちを愛していたことは、小説を読むとよくわかる。

　実は、私もリーチ氏には学生時代、教わったことがある。当時、上智では何
人かの神父の教授が教える「宗教学」が必修の授業としてあり、その授業の担
当者の一人であるリーチ氏に教わったのである。しかし、今はどういう内容の

講義であったかは思い出すことができず、唯一、リーチ氏が口を開けば、「ド・ゴールは…」と大声で、当時フランスの大統領だったド・ゴールを礼賛していたことだけを覚えている。

1912年生まれのリーチ氏は、1948年に来日し、1953年に文学部助教授となり、1978年に定年退職後は特遇教授を務め、1983年に名誉教授となったが、1982年にはフランス政府からレジオン・ドヌール勲章を受章している。また、1983年からは、大船教会の助任司祭や鍛冶ヶ谷巡回教会の担当司祭なども務めたが、その後退いた後は、上智大学内のSJハウスで暮らし、大学のまわりを散歩しておられるのを目撃した。そして、1995年6月に心筋梗塞のため亡くなられた。享年82歳であった。

私は1989年に上智大学の専任教員になったが、通勤の途中、リーチ氏の散歩姿をよく見かけ、この人がモッキンポット師のモデルかと思い、学生時代に聞いた「ド・ゴールは…」という、かん高い声の調子を耳の奥に蘇らせたものである。

■ 4 　『週刊読書人』との出会い

そんな上智に入った年の5月、私は幸運な体験をした。それは、この月の5日に創刊された書評新聞である『週刊読書人』と出会ったことである。この新聞は、書評新聞でありながら、第1面と第2面に文化現象をとらえた論文が掲載され、文化新聞としても読める新聞であった。そのため、夏休みで帰省した時は、田舎の実家に送ってもらうように手配したほどである。

私は、学生時代、ずっと読み続けたこの新聞によって、週単位で思想や文化、出版界に関する情報を得たが、これはありがたかった。さらに、大学2年になった年に創刊された週刊誌の『朝日ジャーナル』と、月刊誌の『思想の科学』も毎号購読した。『思想の科学』は、思想の科学研究会の機関誌で中央公論社が発行元であったが、この雑誌で優れた大衆文化論や思想論に出会い、知的な刺激を受けた。そして、中央公論社の看板雑誌である『中央公論』も当時は非常に充実しており、よく買った。同誌に連載された久野収、鶴見俊輔、藤田省三氏らによる『戦後日本の思想の再検討』や梅棹忠夫氏の『日本探検』などは、思考的な力をつけてくれたし、論文では1959年（昭和34年）4月号

の松下圭一『大衆天皇制論』や 1960 年 1 月号の吉本隆明『戦後世代の政治思想』にも影響を受けた。

こうした書評新聞や雑誌で読んだ論文を素材に、友達と喫茶店で語り合うことが、私にとっては勉強になった。そして、新聞学科の課目である『論文作法』においても、これらの新聞、雑誌で得た知識は役立ち、卒業論文の構想にも示唆を与えてくれた。だから、学生時代に日刊紙以外の愛読紙誌を持つことは必要なことだと思う。

私は、さらに活字媒体による情報の受容以外にも、1 年生の時から友人に誘われて入った日本学生放送協会という学外の団体で『若人の手帳』というラジオ番組の制作をすることで多くを学んだ。

2 年生の秋には、1 か月にわたって沖縄へ取材に行き、米軍統治下の沖縄の実態にふれたことも、印象に残っている。またこの団体では、『学放協新聞』という新聞も編集したが、3 年生になると、私は次第に政治青年としての意識を強めていった。私が 3 年生になった 1960 年（昭和 35 年）の日本は、安保改定反対闘争に揺れ、4 月から 6 月にかけて、国会議事堂のまわりは、連日のようにデモ隊によって埋め尽くされた。

私も、その一員となった。そして、6 月 15 日、東大生の樺美知子さんが国会構内で圧死したのを契機に、私は当時、最もラジカルだった全学連主流派への心情的加担者となった。しかし、全学連主流派を指導した共産主義者同盟（ブント）が組織的に壊滅状態になって以降、主導権を握った党派には共鳴を覚えず、いつの間にか学生運動からは離れていった。そのようにして迎えた就職活動では、日刊紙や出版社の入試試験にことごとく敗れ、卒業直前になっても、就職のあてがないあり様だった。

仕方がないので、中国文学者の竹内好氏が『週刊読書人』に、大新聞に対抗する小新聞を準備しつつあると書いているのを読み、竹内氏に「ぜひ私をその新聞で使ってください」と頼みに行った。しかし、その計画はまだ具体化されていなかった。

そんな矢先、奇跡のように『週刊読書人』に編集部員募集の社告が載った。私は、この新聞が社員を募集するなら、応募したいと思っていたが、定期募集はしていなかったので、まさかと思いつつ応募し、私が一人だけ合格した。合格が決まった時は、卒業式が終わっていたが、大学 1 年生の時に出会った新聞

第1節 週刊読書人と私の50年

の編集を一生続けることになる。

『週刊読書人』では、書評以外に本や雑誌ができるプロセスについても報道したり、作家や学者、評論家によるエッセイやインタビュー、対談・座談会も掲載したことが想い出に残っている。

また、出版界を第三者的な立場から観察し、『現代マスコミ・スター』『編集者になるには』『病める昭和文壇史』『現代の出版』や共著の『出版界入門』などを執筆してきた。

1989年（平成元年）には出身学科である上智の新聞学科の専任教員となった。

1979年（昭和54年）に『出版界入門』という本を共著で出し、その本が新聞学科の先生の眼にとまり、1980年に同学科の「出版論」の非常勤講師となっていたのがきっかけだが、上智の専任教員になってからも、『週刊読書人』には非常勤の取締役として関係し、上智大学の定年を迎えた年から、再び、『週刊読書人』の編集主幹に復帰している。

私は、この新聞によって学生時代は学び、さらにこの新聞の編集から学んだことが講義に役立っている。となると、「私の大学」は、『週刊読書人』もその1つと言えるのかもしれない。

13

第1章　エディターシップによる「知」の創生

第2節
出版の原点とエディターシップ

■ 1　「出版とは何か」─編集論の視座から

　前述の『出版界入門』の編集者の役割の章で井家上隆幸、外山滋比古氏の編集者論を紹介したが、これをベースに日本出版学会誌『出版研究』（No.30 号）で「出版における編集論」を展開し、山口昌男、小宮山量平、美作太郎氏の編集論も考察してきた。

　その「編集論」に入る前に「出版とは何か」についてふれておこう。

　言葉を翻訳する時、われわれは、言葉が一対一で対応し、A という外国語は B という自国語とイコールであると考える。しかし、外国語と自国語は必ずしも一対一で対応するとは限らない。たとえば、「出版する」という言葉は、英語で publish であるが、実はこの言葉を英和辞典で引くと、「出版する」という意味以外に「発表する、公表する」という意味が同じくゴシック体で書かれている。

　このことは、何を語っているかというと、日本語と英語がイコールで対応しない場合もあるということである。すなわち、「出版する」＝「publish」と考えるだけでは、publish という言葉の正確な理解にはならないのである。

　英語の publish は、日本語の「出版する」という言葉が意味する「本を刊行する」ということだけでなく、声を出して公的な場所で語ることも意味しているのである。同じことは、フランス語にも言える。

　英語の publish と同じ意味を持つ言葉は、フランス語で publier（ピブリエ）というが、この言葉を仏和辞典で引くと、英語の publish と同じく「出版する」という意味以外に「発表する、公表する」という意味があることがわかる。フランス語の publier にも、本を作ることだけでなく、声を出して公的な

14

場所で語るという意味があるのだ。

　しかも、publish も publier も 7 文字で綴られ、5 文字までは同じ綴りである。これは、2 つの言葉の語源が共通であるからだが、これらの言葉の語源はラテン語の publicare である。フランスの社会学者であるロベール・エスカルピによると、この言葉には「名も知れない多くの人々の勝手な使用にまかせる」という意味があり、私有物を公共物にすることである。こうした語源を持つ publish と publier は、「出版する」という意味以外に個人的な意見を「発表」し「公表」することによって公的なものにするという意味があるのだ。日本よりも広いということである。

　「出版」とは、本を刊行することだけでなく、私的な意見を声によって公的にすることを含めて「出版」と考えてよいのである。そうであれば、これからの出版人は、必ずしも「出版」を、本の刊行だけで考えないことである。いろいろな表現手段を使って、私的な意見を「公表」すればよいのである。印刷に直結する「出版」でなく、声による「発表、公表」も publish の精神によって、新たな出版の可能性を拓いていくべきであり、そのことが、出版不況を克服する道につながっていくはずである。

■ 2　編集の根幹 ―編集者の役割

❶ 編集者論の発展

　日本では、出版における編集者の存在を「黒衣」という言葉で表現することがある。「黒衣」とは、『大辞林』という辞書によれば、「操り芝居の人形遣いや歌舞伎の後見が着る黒い衣服と頭布。また、それを着る人」のことである。

　つまり、人形芝居で人形を操る人が黒い衣服を着ており、また、歌舞伎芝居において舞台の上で役者が衣装を着替えるのを手伝う後見と呼ばれる人も黒い衣服を着ているために、「黒衣」と呼ばれたのである。

　「黒衣」は、人形を動かしたり、役者を手助けし、自分は決して主役となることはない。そんな「黒衣」のような役割を果たす人間が編集者であると考えられ、「黒衣」と呼ばれたのである。なぜなら、編集者は、著者に原稿を依頼して書いてもらい、その原稿を本にして刊行したり、雑誌に掲載したりするが、編集者は歌舞伎の黒衣と同じように、著者という役者を陰で助け、主人公

第1章　エディターシップによる「知」の創生

となることはないからだ。

　そのため、編集者の仕事は眼に見えにくく、その仕事がどのようなものであるかが論じられることはあまりなかった。しかし、1960年代になって、編集者自らが自分たちの仕事を理論化するという動きが見られるようになった。その1つは、1964年に現代ジャーナリズム研究所によって『現代ジャーナリズム』という雑誌が創刊され、その誌上で編集者論が展開されたことである。この雑誌の発行母体となった現代ジャーナリズム研究所は、民間のジャーナリズム研究所として1963年に設立されたが、この研究所は、のちに編集者の養成学校である日本エディタースクールとなる。

❷ 井家上隆幸氏の編集者論 —編集者の3つのタイプ

　その現代ジャーナリズム研究所から1964年1月に創刊された『現代ジャーナリズム』第1号に井家上隆幸氏が執筆した「編集者は組織者である」という論文が掲載されているが、この論文は、出版の現場にたずさわる編集者が自分の仕事を理論化した試みとして、今も説得力のある論文である。

　執筆者の井家上氏は、当時、三一書房という出版社の編集者で、今はフリーのコラムニストとして活躍しているが、この論文で、井家上氏は、アイ・ジョージという歌手のマネージャーだった古川益雄氏が、マネージャーには、3つのタイプがあると指摘している言葉を引用しながら、編集者にも、3つのタイプがあると論じているのである。その編集者論を紹介する前に、古川氏の言葉を引用しておくと、古川氏は次のようなマネージャー論を展開していたのである。

　　　マネージャーには3つのタイプがある。第1のタイプは、5千円の歌手を売って1割か1割5分のマネージ料を自分のものにするやり方だ。これは実はマネージャーではない。番頭だ。鞄持ちだ。第2のタイプは、5千円の歌手を1万円に売って、自分は5千円稼ぐというやり方だ。これは商売はうまいかもしらん。しかしぼくはこれもほんとうのマネージャーではないと思う。第3のタイプは、5千円の歌手を1万円の歌手にし10万円の歌手にするやり方だ。歌手の一番よい条件で仕事ができ、自分の能力をいつでも100パーセント発揮できるようにしてやる。そのためには、マネー

ジャーは、ある時は音楽監督であり、ある時はプロデューサーであり、ある時は友人でなければならない。歌手の内容を豊かにする……これがほんとうのマネージャーだと思う。

　井家上氏は、古川氏の言葉を引用した理由を「編集者という職業が、一種マネージャー的性格を持っているということ、それ故に、古川のこの3つの分類はそのまま編集者の分類として通用すると思うからである」と述べ、古川氏のマネージャー論にならって、次のように編集者を3つのタイプに分ける。

　　編集者には3つのタイプがある。第1は、書き手の原稿（発想から表現まで）をそのまま、無批判にいただいて、そこに己れを参加させることなく、製品化してしまうやり方である。これは実は編集者ではない。番頭だ。鞄持ちだ。第2のタイプは、それが商品として多少は売れるような粉飾をこらして、5の力しかない書き手を10の力があるかのように、価値以上にみせかけるやり方だ。これは商売はうまいかもしらん。しかしぼくはこれもほんとうの編集者ではないと思う。第3のタイプは、5の力しかない書き手を8の力を持つ書き手にし10の力を持つ書き手にするやり方だ。書き手が一番よい条件で仕事ができ、自分の能力をいつでも100パーセント発揮できるようにしてやる。そのためには、編集者はある時は発想の提起者であり、ある時は書き手と対等の立場で議論しあう討論の当事者でなければならない。書き手の内容を豊かにする……これが本当の編集者だと思う。

　井家上氏は、このように編集者を3つのタイプに分け、第3のタイプを理想の編集者とし、さらに、「編集者は専門家であってはならないということ、編集者は組織者であるということ」という2つの原則を提示している。そして、その理由を次のように述べる。

　　編集者は何故専門家であってはならないか。専門家とは自分自身が1つの論理体系を構築し、それを他の異なった論理体系とたたかわせ、あるいはより深く追求することによってより精緻な論理体系の構築に努力する。
　　この場合、彼は論敵を持つし、また一定の立場をとることを明らかにしな

ければならない。 編集者を職業としている者が、このように鮮明な立場によったとき、その編集者は自分の活動する範囲を自分と見解を同じくするもののみに限定してしまうことになり、またそれ故、きわめて主観的な発想を、しばしば職業の中に持ちこんでしまう。それは、編集者が自身で組織者としての役割を放棄してしまうことでもある。

　井家上氏は、「編集者は専門家であってはならないという」第1の原則について、以上のように述べ、さらに「編集者は組織者であるということ」については、こう述べる。

　　組織者といっても、私は直接にある種の集団なり運動を組織する、いわば政治的運動者（例えば政党のオルグ）を想定しているのではない。簡単にいえば、Aの意見や情報をBにつたえ、BのそれをCにあるいはAに、CのそれをDにあるいはAやBにつたえ……、ABCD……相互には直接に連携がなくとも、そこに私という編集者が介在することによって、それらがさまざまな形で無数の〈集団〉を形成する結節点となるということである。この場合、編集者は自己の組織者としての位置を、〈集団〉や個人や、理論や運動や、あるいは職業との関係で、たえず客観的に測定し、明らかにしていかなければならない。さらにいえば、編集者とは、書き手相互間のコミュニケーションの媒介となり、それらの集団化の結節点となるばかりではなく読者と書き手とのコミュニケーションを成立させる媒介となり、結節点とならなければならない。

　井家上氏の編集者論を要約すれば、編集者の仕事は「書き手の内容を豊かにする」ことであり、「書き手相互間のコミュニケーションの媒介」あるいは「読者と書き手とのコミュニケーションを成立させる媒介」になることであるが、この井家上氏の編集者論と呼応する編集者論を展開している人は他にもいる。次に、それらの編集者論を紹介してみたい。

❸ 外山滋比古氏の編集者論 ―編集者の触媒的機能
　まず、一人は英文学者の外山滋比古氏であるが、外山氏は、『エディターシップ』（みすず書房、1975年刊）という著書の中の「輝かしき編集」という章

において、編集者の役割について論じている。その前提として、外山氏は日本の近代文化の歪みについて、痛烈な批判をしている。その部分を、まず紹介しておこう。

> 欧米の文明文化を見よう見まねで取り入れたわが国では、形にあらわれないものへの関心はさっぱりである。書物をつくるのに、著者が必要なことはわかる。原稿も必要である。印刷もしなくてはならないのは理解する。しかし、よい印刷物が出来るには、著者と読者の間に編集をする人がなくてはならないことについての認識がまるでなかった。明治以後の日本の近代文化は編集不在の文化であったと言うことができる。

外山氏は、このように「編集不在」つまり「エディターシップ不在」であることが「明治以後の日本の近代文化」の特色であると指摘したうえで、真のエディターシップとはどのようなものであるかを、次のように論じている。

> エディターシップ不在に近い学術書がしばしば非創造的で生硬難解なものになるのは故なしとしない。これは近代日本の学問が不毛であった原因のひとつであるかもしれない。エディターシップは、ただ原稿をもらって、割付けをし、印刷にまわして、というような手仕事に終るものではなく、著者の心にX光線のように目に見えない影響を及ぼして創造を活発ならしめる働きがふくまれる。学術研究書がそういうエディターシップの作用に恵まれにくいというのは学問の発展のためにもたいへん残念なことである。

ここで外山氏が指摘していることは、井家上氏の編集者論にもつながっている。すなわち、井家上氏は、編集者の役割の1つは「書き手の内容を豊かにする」ことであると指摘したが、外山氏はそのことを、編集者が「著者の心にX光線のように目に見えない影響を及ぼして創造を活発ならしめる」という言葉で表現したのである。そして、さらに井家上氏が編集者は組織者であると指摘した問題についても、「変化の論理」という章で、化学の実験において、「AとBだけでは決して化合しないとき、Cという触媒があるとたちまち化合をおこす」触媒反応についてふれ、「化合が終ったあとも触媒Cそのものにはなんら変化がみられない」という触媒の性質について述べ、次のような論を展開しているのである。

第1章　エディターシップによる「知」の創生

　T.S.エリオットが詩人の創造過程をこの触媒反応にたとえ、詩人の精神を
触媒剤に擬したことは、すでにのべた。似たようなことは詩作だけでな
く、人間の精神活動の全般にわたって認められるように思われる。

　（略）

　すべての人間にそういう機能が内在していればこそ、思いもかけないもの
をふと思いついたり、連想したり、意外な人間と人間の組み合わせを成立
させたり、どうしても解決できないでいる問題が、何でもないヒントが
きっかけになって氷解したり、ということが日常おこってくるのである。

　インスピレーションも、ごく小さなものごとが引き金になっておこる心の
化学反応と考えられる。引き金になったものは、それ自体変化しないばか
りか、きっかけになったことすら自覚しないことが少なくない。

　大小の発見・創造には、こういう触媒的作用の存在を想定してよいのであ
る。その能力は限られた人間にのみ具わった才能ではなく、すべての人間
に恵まれたものであることはとくに注意する必要があろう。さらに、この
触媒作用をもっとも意識的に発動することを要請されているのが編集であ
ることも、改めて考えてよい点である。というのも、編集が創造、発見と
きわめて近い関係にあることを現在ほど強調する必要のある時代はないか
らである。

　外山氏は、このように編集者が触媒的機能を果たすことによって、本来化合
しないＡとＢを化合させ、新たな創造を行うことのできる編集という仕事に
照明を当てているのだが、これは、井家上氏の言う「編集者は組織者である」
という指摘と共通するものがある。そして、さらに外山氏だけでなく、文化人
類学者の山口昌男氏も、井家上、外山氏らと共通する編集者論を語っている。

❹ 山口昌男氏の編集者論 ─メディエーターとしての編集者

　山口氏は、『語りの宇宙』（冬樹社、1983年刊）というインタビュー集におけ
る「仕掛けとしてのエディターシップ」という章において、編集者について、
次のように論じている。

　編集者はメディアを提供する存在である。で、メディアというのは何かと
いうとお座敷ですよね。べつに語源を詮索したいわけではないけれど、メ

20

ディアはメディウムの複数で、メディエーションというのはメディウムから派生しているわけですね。つまり、媒体、媒介、触媒ということです。そうすると、メディエーターすなわち媒介者というのはどこかこう神話的次元を獲得するわけです。編集者はメディエーターであるということから、メディアは具体的な場所であると同時に神語的な概念まで含むことになるわけですよ。だから、編集者が自分自身をどのような編集者であると考えるかによってずいぶん違ってくると思えるわけです。

　結局、編集者には２つのタイプがあると思うんです。原稿をもらってきて載せればいいんだという編集者、一方の極にそういうコンヴェンショナルな編集者の仕事があるとすると、その反対の極というのもあるわけですね。メディエーターというのはその反対の極だと思うんです。編集者の一番安易なスタイルがメッセンジャー・ボーイ、便利屋だとするとメディエーターはその正反対ということになる。メディエーターとしての編集者は、コミュニケーションの新しい可能性を鋭くキャッチする存在だといっていいんじゃないか。

　山口氏は、このように編集者を定義したうえで、自分が著者としてつき合っている編集者は、次のようなタイプであると述べている。

　　ただ、編集者だからつき合っているわけでもない。基本的にやはりおもしろいからつき合っているという感じですね。そのおもしろいという場合の要件は何かというと、先ほど言ったような、編集者が一人の非常に開かれた意味での知の運動者であるということですね。党派的な意味ではなくて。それから、絶えず変貌していくんだということにおいて共感することができるということですね。まわりの現実を組織し、可能でない現実を可能にしていくような、そういうような行為を通して興奮をもたらす、そういう存在ですね。やはり基本的には編集者というのは、編集者という役を演じている限りはセンセーショナルな存在であるべきだと思いますね。

　山口氏は、編集者をメディエーターすなわち媒介者であると定義し、さらに編集者は媒介者であることによって、「開かれた意味での知の運動者」であると言う。ただし、それは「党派的な意味での運動者ではなく、絶えず変貌して

いく」運動者であり、そのことによって、「まわりの現実を組織し、可能でない現実を可能にしていく」のである。ここで、山口氏の言う党派的でないということは、井家上氏の言う「専門家であってはならないということ」に通じていると言ってよいだろう。

　そこで、次に問題になるのは、専門的でなく、党派的でない編集者は、すべての問題に対して非専門家であり、いかなる専門性も持たないかということである。この点について、実は編集者は、著者である作家や学者とは違う次元で専門家であるということを指摘しているのは、理論社の創立者である小宮山量平氏である。小宮山氏は、彼の編著による『出版企画 ―企画革命の時代』（出版開発社、1978 年刊）に収められた「創作出版と企画革命」という論文において、「編集者というエキスパート」について論じている。つまり、小宮山氏は、編集者もエキスパート（専門家）であるというのだが、ではいったい、編集者はどのようなエキスパートであるのか、小宮山氏の指摘を紹介しよう。

❺ 小宮山量平氏の編集者論 ―エキスパートとしての編集者

　小宮山氏は、「現代的な創造の担い手としてのエキスパート」が編集者であるというが、これは、作家や学者、評論家などの著者が行う創造活動を陰で支え、担うことのできるエキスパートであると述べているのである。では、そのようなエキスパートであるためには、どのような資質が要請されるのであろうか。小宮山氏は、3 つの資質をあげている。

　　まず第 1 に、編集者は、つねに総合的認識者という立場を持続できるエキスパートでなくてはなりません。よく世間では、博学とか博識とかいうことが編集者の欠くことのできない要件であると思われています。広く浅くあらゆる分野に目のゆきとどくのが編集者たるべき資質だとも考えられております。たしかに、それらは編集者にとって大切な要素だとは思いますが、それを言うならば、あらゆる事象に対してマーベラス marvelous な気質とでも言うべきでしょうが、適切な訳語がないのですが、あらゆるものを驚くべきもの感動に価いするものとして、胸はずませて近づく。気質とも言えます。ちょうど健康な精神の幼児たちが、じつに「知りたがり屋」であるように、精神の健康さを陽気にまっすぐ持続しぬくことが大切

なのです。

　このような編集者の知識は、特殊な専門の学問にあてはめてみると、どんな学問に対しても、接点をもっており、重なりをもってはいますが、けっして専門自体ではありません。むしろ専門自体になることを拒否することによって総合的認識の持続をつらぬく —そういう自由な視点そのものを職能として身につけるエキスパートが必要なのです。

小宮山氏は、学問的な専門性を拒否して自由な視点を持つことのできるエキスパートが編集者であると言う。そして、さらに論考は続く。

　第2に、編集者は、知的創造の立会人という役割に徹したエキスパートであるべきでしょう。立会人という役割には、アシスタントという側面と、アドバイザーという側面とがあります。これら両面の役割を十分に果たすためには、次に述べる3つの機能を、あたかも生来の人柄のごとく身にそなえなくてはならないと思うのです。

こう述べて、小宮山氏は、次の3つの機能をあげる。

　その1つは、あらゆるものの存在理由について、無限の寛容性をもつということでしょうか。俗に「惚れ易い」とも言えましょう。

　その2は、著者の創造過程に同化するということです、つまり産婆さんが妊婦をはげまして赤ちゃんの誕生を援けるように、著者に寄りそってはげましを送るのです。別のことばで言えば「聞き上手」になるということでしょうか。

　知的創造の立会人として3番目に大切なことは、相対的批判者の立場に立つということです。作家はもちろん、あらゆる創造的な著作者というものは、必ずある程度のナルシシズムのとりこになっているものです。つまり、自分自身はすばらしいことをやっているんだと思い、そのすばらしい自分を鏡に映してみたいと思うでしょう。そこで、編集者は、ほんとうに澄んだ鏡として著者に対する。それが、ほんとうに澄んだ鏡なら、著者のすばらしさもみにくさも、はっきりと映るに違いありません。それが、作品を高める役割を果たすことでしょう。但し、この相対的批判者の役割こ

そは、最も温かい心で果たさなければならないのです。さきの「聞き上手」と対の言いまわしをするなら「ほめ上手」と申すべきでしょうか。

以上のように3つの機能をあげ、小宮山氏は、この順序を逆にしてはいけないと注意している。「つまり、惚れてもいないのに、のっけから『ほめ上手』だけで著者に対する編集者は、自分で自分の職能を卑しめることとなるでしょう。まず惚れる、惚れたからには、とことん聞き入る、その上で、しっかりと相対的批判者として褒め批評をする —このような知的創造の立会人をこそ、エキスパートと呼び、真の編集者として信頼したいものです」と、小宮山氏は指摘している。そして、さらに「現代的な創造の担い手としてのエキスパート」としての第3の資質をあげる。

> 第3に、真の編集者は、自分が制作する出版物を汎く普及するため、特有の見識をそなえ、力量を発揮しうるエキスパートであるべきです。
> そのためには、次の3点が要請される。
> (1) まず、編集者は最初の読者であり、読者代表として、本当の意味での「わかりやすさ」を著者に求め、著者と共に確立することです。(略)
> (2) 次に、編集者が普及のために果たす思想的な役割は、かの「百科全書派」の後継者たるべき自覚でしょうか。(略)
> (3) 「わかりやすさ」や「おもしろさ」の根底に、たんなる文脈のやさしさや、語りくちの通俗化をおくのが、今ではハウツーものや政党機関紙などのパターンです。しかし編集者は、もう一段と深く、日本の言語革命への参加という志を育てるべきでしょう。

上の3点のうち、(2) の「『百科全書派』の後継者」とは、「真の啓蒙家」としての認識を持つことであるが、小宮山氏は、以上のように、編集者は「現代的な創造の担い手としてのエキスパート」になることによって、著者の持つ専門性とは別の次元で編集者も専門性を持っていると主張しているのである。

❻ 『出版研究』で取り上げられた編集者論

編集の問題については、日本出版学会誌『出版研究』においても論じられている。第5号（1974年度）において、下記の「編集論」という特集が行われている。

布川角左衛門　「編集とは何か」
松居　　直　「編集者論のためのノート」
安藤　直正　「雑誌の編集」
美作　太郎　「編集論序説」
藤田　初巳　「原稿整理の権限」
道吉　　剛　「『造本』 ―その現状をめぐる一省察」
金平聖之助　「アメリカにおける雑誌編集者養成について」

このうち、布川氏の「編集とは何か」は、編集の要項を、〈P・POSTA〉という6つの文字で表しているが、philosophy に始まり、authorize まで、それぞれ、Pをイニシアルとする言葉、Aをイニシアルとする言葉という具合に3語ずつあげ、それらの言葉が編集のプロセスを表すように工夫されている。

美作氏の「編集論序説」は、編集について2つの定義を行い、それを前提にしながら、編集について論じている。その2つの定義とは、次のとおりである。

〔第1の定義〕
　編集とは、人間の文化的創造物を、一定の意図のもとに、公表を目的として、特定の伝達媒体に適するように整序し、配列する機能である。

〔第2の定義〕
　編集とは、1つまたは1つ以上の著作物またはこれに類する資料を、一定の編集方針にもとづく企画に従って入手（取材）し、これに整序・配列の手を加えて印刷その他の複製手段に付し、一定の出版物（書籍・雑誌）にまとめ上げる仕事である。

この2つの定義のうち、〔第1の定義〕は広義の定義で、出版だけでなく新聞、放送、映画などの編集も含み、〔第2の定義〕は狭義で、出版のみに限定されている。美作氏は〔第2の定義〕に新聞を除外したのは、「編集の具体的進行の上では雑誌・書籍とかなり違った特性をもっている」ためであると論じ、

〔第1の定義〕における「文化的創造物」は、「著作権法のいわゆる著作物に該当するが、必ずしも法定著作物に限られるわけではない」と断わっている。

『出版研究』は、第10号（1979年度）でも編集論を2編掲載している。鈴木均氏の「エディトリアル・シンキング＝出版編集論」と田村紀雄氏の「出版編集論 ―その職業と意思決定についての考察」の2編だが、このうち、鈴木氏の論文は、出版における編集が放送や映画における編集のように「制作上の一分業過程を担っている」のと異なり、「出版物の制作の総過程にかかわる」という問題を提示している。また田村氏の論文は、元・岩波書店編集者の岩崎勝海氏が論じた編集論を踏まえて、編集という職業の特色と意思決定について論じているが、その中で田村氏は、岩崎氏が『出版ジャーナリズム研究ノート』（図書新聞社、1965年刊）において、編集労働を次のように論じた部分を引用している。

> とにかく編集者の仕事は総じて激しく頭脳と肉体を酷使する極めて特殊な職業である。分業化していない、種々雑多な種類の事務を一人の人間が処理するという形で参加するこのような特殊な仕事の形態は、一般には出版業が前近代的であり、中小企業だからだといわれてきた。たしかにそうしたことは、一面いえると思うけれども、同時に、資本主義の社会ではこれからさきどんなに出版業が「近代化」され、巨大な機構をもつ大経営になることがあっても、出版編集という仕事のこのような形態はそんなに変らないのではないだろうか。

確かに岩崎氏の言うように、出版というメディアがデジタル化を迎えて、大きく変容しつつある現在でも、編集労働の「前近代」性は残っているが、その「前近代」性は、人間労働の極限とも言うべき編集労働の持つ特色であるといえよう。

以上、『出版研究』に掲載した「編集者論」に加え、幾つかの視点で、もう少し、「編集者論」を付け加えておこう。

❼ 梅棹忠夫氏の編集論 ―創造の担い手としての編集者

梅棹氏は「情報の創造と編集」という論文（『情報論ノート』、中央公論社所収）で、「大量の新しい情報、すなわちデータ群にいっきょに秩序を与える原理をみ

第2節　出版の原点とエディターシップ

つけだすこと、これは独創である。独創とは、情報群にひとつの統合原理をあたえるものである」と指摘し、「ひとつの編成原理にもとづいて秩序をあたえることが、情報における創造的行為であるとすれば、情報における編集という仕事も、創造的な行為であるといわなければならない」と指摘している。

この編集論に基づいて考えれば、創造の担い手としての編集者の仕事も創造行為であると言うべきである。こうした見地から、編集という仕事を考えると、過去の歴史においても、編集という行為はあった。

❽ 日本の歴史上の編集行為

工藤隆著『古事記の起源』（中公新書）によれば、日本最初の書物といわれる『古事記』は元明天皇による太安万侶への直き直きの指示によって編集されたと指摘し、安万侶は資料集積所の文字記録資料群、「多氏古事記」、稗田阿礼の「誦み習い」などの資料をそろえてよく吟味し、取捨選択し、〈たった一つの神話〉にまとめあげたと指摘している。

そして、工藤氏は資料の取捨選択意識や、資料をどういう順序で組み合わせるかという構成意識を、広い意味での「創造意識」と呼んでいる。

このような例は、勅撰和歌集の編纂にも見られる。『古今和歌集』に始まる勅撰和歌集は、和歌所の設置→勅撰下命→撰者の任命→資料蒐集→撰歌と部類配列→加除訂正→奏覧→祝賀の竟宴という順序で行われたが、これも編集行為である。

松岡正剛氏は、『日本数寄』（ちくま学芸文庫）で、「文化というものは、どこかで湧き出したり、特定の一者によって散布されるというものではない。どんな文化にも編集の歴史というものがある。茶の湯も編集の歴史をもっていた」と述べ、空海や道元は「編集的創意に富んだ人である」と指摘し、世阿弥、芭蕉、南北らは「伝統を組み替えた」という点で編集的な人であるという。

組み替えについては、地球物理学者の竹内均氏は、「独創とは既成の要素の新たな組み立てである」と述べており、この指摘も松岡氏の編集論に通じ、編集の独創性にも関わっている。

27

第1章　エディターシップによる「知」の創生

❾ ヨーロッパ史上の編集行為

　18世紀においてフランスで刊行された『百科全書』は、本巻17巻、図版11巻がディドロとダランベールの共同編集によって、1751年から1772年にかけて刊行された。そして、補巻4巻、図版1巻、索引2巻がマルモンテルによって1776年から1780年にかけて刊行された。

　『百科全書』は18世紀のフランスにおける啓蒙的知識人184人が執筆しており、「近代的知識の集成」と言われ、執筆者は「百科全書派」と呼ばれた。

　『百科全書』について、ディドロは、「この書物はやがて人々の心にまちがいなく革命をひきおこすでしょう」と予言したが、多田道太郎氏は、この書物は「18世紀フランス啓蒙思想の集大成」であり、「『百科全書』はフランス革命を準備した。「近代」を準備した。理性の光をひとところに集め、それを世界に伝播した」と指摘した。

　そして、多田氏は『百科全書』編集の中心となったディドロを、こう評価している。「ディドロはまれにみる組織者的な才能の持ち主だった。だいいち、彼は怒りを押さえる天成の才をもっていた。いつも陽気で、頑健だった。彼は他人の美質をよく見抜き、人々の発想の交叉点に立ちえた人物であった。さらに先見の能力をもち、柔軟な戦術に長じていた。これらの能力、あるいは美質によって『百科全書』という巨大な船は沈没を免れたといえる」。

❿ 編集者論の真髄

　多田氏のディドロ論は、編集者論の真髄でもある。編集者の「エディターシップ（編集感覚）」は、歴史も動かす力を持っているのである。フランス革命は、『百科全書』が刊行されて間もない1789年に起こった。

　私は多田氏のディドロ論を読み、吉川英治氏の「我以外皆我が師」という言葉にあやかって、「我以外皆味方」をモットーとするようになった。そして、「これを知る者、これを好む者に如かず、これを好む者、これを楽しむ者に如かず」という言葉（孔子）を究極の理想とし、楽しみながら仕事をすることも、「エディターシップ」の1つだと思っている。

第2章

「出版者」の誕生と冒険

―近代出版が歩んだ道―

　本章は、長年、上智大学新聞学科で「出版論」を教えてきた授業の一部を再現するものである。

　出版論では、「出版物のうち、書籍に重点をおき、出版という行為が人間の表現・伝達行為として、どのような意味を持ち、どのように行われてきたかを論じたうえで、出版の過程を企画、編集、製作、流通の順序特質についてもふれ、そして、印刷物が出現して以後の日本の出版史をたどり、メディアとしての書物や出版物が果たす文化的役割、出版の自由やエディターシップ」などについても論じてきた。

　本章では、近代出版社がどのように誕生し、発展してきたかに焦点を当て、日本の出版界を支えている「委託販売制度」と「再販制度（再販売価格維持制度）」の成り立ちや問題点を歴史的に解明することが命題である。

＊　　　　＊　　　　＊

　〈注記〉　本章は、その完成を待たず、植田康夫先生が、2018年4月8日に彼岸に旅立たれたため、潮出版社の Web 連載〈植田康夫の Analysis & Report『日本の出版』〉に掲載されている論文を基に再編集させていただいた。記して「謝辞」に代えさせていただきます。

（出版メディアパル編集部）

第2章 「出版者」の誕生と冒険 ―近代出版が歩んだ道―

第1節
「委託販売制度」の成立と役割を再考する

■1 「返品自由」を初めて打ち出し大成功した雑誌『婦人世界』

　日本の出版について考える場合、「歴史的な視点から検証する必要がある」と本書のまえがきで述べたが、その方法を出版流通のシステムについての検証において用いたい。日本の出版流通といえば、その特色としてあげられるのは、委託販売制度（返品制）と再販制度（定価販売）である。

　委託販売制度とは、書店で売れなかった出版物の返品を認める制度であるが、この制度が、いつ頃、どのような形で生まれたのかという問題については、出版流通について書かれた本で論じられている。

　たとえば、清水英夫・小林一博著『出版業界』（教育社、1976年）、鈴木敏夫著『新訂増補版　出版 ―好不況下 興亡の一世紀―』（出版ニュース社、1970年）、『日本出版百年史年表』（日本書籍出版協会、1968年）[注1]、橋本求著『日本出版販売史』（講談社、1964年）などであるが、それらのうちの1冊である『出版業界』は、明治後期の委託販売制度について、次のように指摘している。

> 「ここで、特記しなければならないのは、『婦人世界』の創刊と、その販売方法であろう。博文館には発行部数7、8万部の『女学世界』があって、婦人雑誌界に君臨していた。当時、他の婦人雑誌は、3000部から1万部止まりで、『女学世界』は群を抜いていたわけだが、この王座を奪った『婦人世界』には、それなりの理由があった。
> 　一つは、39年に編集顧問に迎えた村井玄斎に一冊一銭の印税を払ったこ

注1　『日本出版百年史年表』（日本書籍出版協会発行）は、日本の出版史をたどる貴重な年表である。現在は、雑協と書協が協同でデジタル版を公開している。

30

第1節 「委託販売制度」の成立と役割を再考する

図2-1　1906年（明治39年）、実業之日本社から創刊された『婦人世界』

と。他の一つは、同誌42年新年号に、はじめて返品自由の委託販売制度を活用してこれを成功させたことである。『婦人世界』は最盛期30万部といわれるから、村井の印税は毎月3000円にも達したことになる。」

『出版業界』は、このように、『婦人世界』（図2-1）が、『女学世界』の王座を奪ったのは、編集印税制と、「返品自由の委託制度を活用」したことであると指摘し、委託販売制については、さらにこう述べている。

「委託販売制度は、『日本出版百年史年表』によれば、すでに大学館によって東京市内で行われていたとされているが、これを雑誌販売に適用、成功させたのは、『婦人世界』を嚆矢としてもよいであろう。この『婦人世界』の成功は、雑誌の競争を先導し、出版販売業界の拡大に寄与するところ大きかったようである。」

『婦人世界』とは、1906年（明治39年）実業之日本社から発行された雑誌で、『女学世界』は博文館発行の雑誌である。『出版業界』によると、委託販売制度は、実業之日本社発行の『婦人世界』によって実施されたというのであるが、『日本出版百年史年表』によれば、委託販売制度は『婦人世界』で実施される以前に、「大学館によって東京市内で行われていたとされている」のである。

第 2 章　「出版者」の誕生と冒険 —近代出版が歩んだ道—

■ 2　"返品OK"、実は地方書店の"書籍"のほうが早かった？

　そこで、『日本出版百年史年表』での委託販売制度についての記述を紹介したい。同書には、次のように指摘されている。

（明治 41 年）1908
12. —書籍の委託販売制度はじまる。従来、買切制度が主であったが、大学館が東京市内の小売書店に 3~5 部を委託し、月に 1~2 回まわって売れたものの代金を受取り、また補充する方法をとったのが始という。その成績がよく、日本書院をはじめ中小出版社がこれに倣い、ここに委託販売制度が有力になり、やがて出版物の大量生産に拍車をかけることになる。→ 翌年 1 月（実業之日本社）。

（明治 42 年）1909
1. —実業之日本社、《婦人世界》新年号から委託販売制度（返品制）扱いにする（雑誌の返品制度の始）。

　『日本出版百年史年表』は、書籍の委託販売制度と雑誌の委託販売制度を分け、前者は 1908 年（明治 41 年）、後者は 1909 年（明治 42 年）に実施されたと指摘している。

　しかし、橋本求著『日本出版販売史』によると、地方の書店では 1984 年、85 年（明治 37、8 年）頃、返品を認める出版物の販売が行われていたという証言もある。同書の中の「出版物販売業の発展を語る座談会」において、中興社という取次業の社長だった矢島一三氏がこう語っている。

　「明治三十七、八年ごろ僕は松本にいましたが、（略）東京の出版屋がくるんです。福岡鐘美堂とか松栄堂なんかというのは、自分のところで出版したものだけを持ってくる。それでその見本を見て、値段を聞いて注文するわけです。そして一年目になってきた時に、その本がみんな売れていればみんな払うし、十部のうち三部残っている場合には七部の金を払う。そのうちに、見本のかわりに表紙だけを持って歩いて注文をとるというのも出てきましたね。」

32

第1節　「委託販売制度」の成立と役割を再考する

　この証言によると、明治37、8年頃にも、出版社と書店が直接取引する場合は、返品が認められていたのである。だから、『日本出版百年史年表』に記述されている大学館による委託販売制度の実施以前に、地方では、委託販売が実施されていたことになるが、この座談会では、元東京堂社長の大野孫平氏と元至誠堂店員の藤井誠治郎氏による証言もある。大野氏は、こう証言している。

　「実業之日本社がまず『婦人世界』を返品制にふみきったのが明治四十二年だった。その頃までは、われわれ取次では、すべて「売切り・買切り制」でしたね。博文館なんかの本は、発行日から一月も遅れて見はからって送ったけれども、たいがい売れましたね。
　返品をとるということに書籍がなったのは――雑誌もそうなんですが――やはり明治の末から大正の初めごろ、それも、ある特殊のものについて少しずつ始まったのです。それまでは、売切り買切りであると同時に、前金をとってやったものです。」

■ 3　「委託販売制度」が果たした役割を再考すべき時

　では当時、「売り切り・買い切り制」が当然とされたのはなぜか。その理由を大野氏はこう語っている。

　「東京市内はともかくとして、地方は運賃のかかる関係もあるし、取引先の向こうの状態はちっともわからないし、乱売時代で相手がいつどうなるかも知れんという不安もあったものだから、前金でなければ品物は送らなかったわけですよ。むろん貸売りもしないし、返品も取らなかった。」

　そして同じ座談会での藤井誠治郎氏の証言は次のとおりである。

　「日露戦争のあとあたりも、われわれの取次じゃ「入銀」[注2]なんかでやって、委託をしない。個々の発行所では委託でもって東京市内や地方の大きい書店に本を送りつけて、売残りを引き取るという例もあったが、われわれの方は、前金で金を送っていなければ、地方へは品物を送りはしなかった。」

注2　入銀とは、出版社が新刊書籍の卸正味を安くして、取次や書店に買い取らせる販売方法をいう。出版社は新刊見本を持って取次を回り、注文部数を入銀帖に書き入れて契約してもらった。

33

第 2 章　「出版者」の誕生と冒険 ―近代出版が歩んだ道―

　二人の証言からわかることは、明治の頃の取次では、貸売りもしないし、返品も認めていなかったということで、大野氏によると、『婦人世界』が 1909 年（明治 42 年）に返品を認めたことが委託販売制度の端緒になったという。しかし、これは雑誌であって、書籍に関しては、矢島氏の証言にあるように、明治 37、8 年頃から直接取引の場合、地方では返品を認める例も見られた。

　したがって、委託販売制度については、書籍と雑誌を分けて考える必要があるのだが、ここで問題になるのは、『婦人世界』が本当に 1909 年（明治 42 年）に委託販売制度を実施したかということである。これについては 1997 年に刊行された『実業之日本社百年史』の「後記」に、1906 年（明治 39 年）に創刊された『婦人世界』の編集を担当した村井玄斎に対し、実業之日本社は、原稿料ではなく「発行部数（返品控除）一部に付一銭ずつ貰えばいい」という玄斎の要請を承諾したとあり、ここで発行部数が「返品控除」となっているのは、明治 39 年の段階で『婦人世界』は委託販売制度を実施していたのではないかと『百年史』は指摘しているのである。

　そして、『百年史』の「後記」によると、明治 42 年度の実業之日本社の「営業報告書」では『婦人世界』の返品制については、まったく言及されていないという。この年、同誌は 4 割部数が伸びたと指摘しているのに関わらず、返品制についてはふれていないというのである。また、『婦人世界』の創刊号から玄斎を担当した実業之日本社社員の石塚月亭は『婦人世界』の急成長は、村井玄斎が「婦人生活に即した資料を提供」するという編集を行い、発行部数が増加し、本社直送の『婦人世界』については、書店が部数を増やすと、その分については卸値を割引し、そのことが書店を喜ばせ、部数増につながったと述べているが、返品制についてはふれていないという。

　このような事実を総合すると、1909 年（明治 42 年）に『婦人世界』が委託販売制を実施したという指摘は改められる必要があり、それ以前に、この制度は部分的に実施されていたということになるが、この制度の果たした役割について見ておく必要がある。

34

第2節　本はいつから「値引き」されなくなったのか

第2節
本はいつから「値引き」されなくなったのか

■ 1　制度に先立って慣行化されていた「定価販売」

　日本の出版流通にはもう1つの特色がある。それは、定価販売制である。新刊書であれば、どこの書店で買っても、同一の定価で売られるというこの制度は、出版業界の用語では、「再販売価格維持制度」とも言われ、略して「再販制」と呼ばれる。

　この制度が実施されたのは、1955年（昭和30年）6月であったが、この制度ができるきっかけとなったのは、1953年（昭和28年）9月、改正独占禁止法が公布されたことである。この法律は、名前が示すように、1つの企業が独占的な位置を占めることを戒め、自由競争を促し、商品の販売価格を安くし、消費者の利益を守ることを目的としている（資料2-1）。

　独占禁止法では、メーカーが小売店に対して、定価を定めて販売価格を指定することを禁じており、メーカーはあくまで、この位の値段で売ってもらいた

独占禁止法（私的独占の禁止及び公正取引の確保に関する法律）
第23条（再販売価格維持契約）
この法律の規定は、公正取引委員会の指定する商品であつて、その品質が一様であることを容易に識別することができるものを生産し、又は販売する事業者が、当該商品の販売の相手方たる事業者とその商品の再販売価格（その相手方たる事業者又はその相手方たる事業者の販売する当該商品を買い受けて販売する事業者がその商品を販売する価格をいう。以下同じ。）を決定し、これを維持するためにする正当な行為については、これを適用しない。ただし、当該行為が一般消費者の利益を不当に害することとなる場合及びその商品を販売する事業者がする行為にあつてはその商品を生産する事業者の意に反してする場合は、この限りでない。　　　　　　　　　　　（公正取引委員会のホームページより）

資料2-1　独占禁止法23条の条文

いという希望小売価格を表示することができるだけである。

つまり、小売段階での再販売価格をメーカーが決めることはできないのだが、このような商品は、再販売価格が維持されないので、非再販売商品と言われる。そのため、非再販売商品である電気製品などは、同一商品の価格が小売店によって異なる。

ところが、出版物は出版社が定めた再販売価格（定価）が維持されるので、どこの書店でも同一の出版物は同一の価格で売られる。そのために、再販売価格を維持する契約が書店と出版社の間で結ばれている。したがって出版物は「再販商品」とも言われるが、このような商品には「書籍、雑誌、新聞、レコード、音楽用テープ、音楽用CD」の6品目が規定されている。

出版物や新聞、レコードは、著作権法上の著作物に該当し、文化的な商品であるため、独占禁止法の第6章第23条において、“適用除外”とされ、定価販売が法律的に認められているのである。

しかし前述したように1953年（昭和28年）に独占禁止法ができても、制度化され、実施されたのは、1955年（昭和30年）6月であった。

なぜ、実施が遅れたのかについては、小林一博著『書店』（教育社）によると、次のような事情があったからである。

> 実施まで時間がかかったのは、出版社の中には定価販売制は慣行化しており、今さら契約書を交換することもあるまいとの気風があったからである。実施後、出版社、取次会社、書店など（その他の販売業者）を含めて、再販本部励行委員会が設置され、再販売価格維持制度の指導と実効を監視した。

この指摘で重要なのは、「定価販売制は慣行化しており」という部分である。1953年（昭和28年）にできた独占禁止法によって定価販売が法律的に認められて、実施されるようになったわけではなく、独占禁止法ができる以前から、出版物の定価販売は慣行されていたというのである。

■ 2　「乱売」に悩んだ戦前の出版界 —値引き競争で読者が混乱

では、出版物の定価販売とは、いつ頃から、どのようにして慣行化されるようになったのであろうか。これについても小林氏の『書店』に述べられている

が、まず「定価」という言葉がいつできたかという問題から明らかにしている。

奥付に定価の印を捺すべし、と定めたのは明治八年改正の「出版条例」である。このころの出版物には文字通り定価だけをゴム印で捺したものである。"定価"の言葉はそれ以前からあったと推測できるが、実際の販売にあたっては、仕入れ経費の上乗せや、値引きが普通に行われていた。地方の書店は、運賃、荷造費を全額負担する仕組みだったから、その分は定価にプラスして販売したと考えられる。輸送手段が未発達な時代はその経費は小さいものでなかったろう。

このように、出版物は改正された「出版条例」において奥付に定価の印を捺すことが定められていたのだが、実際には定価が守られることはなかった。小林氏の『書店』によると、次のような状態であったという。

明治二十年代に博文館をはじめとする新興出版社が登場し、出版量が増大し、競争は激しくなる。一方、専門の元売捌業（取次）も相次いで出現。これが競争して出版量は拡大していくが弊害も多発した。値引きも起こり、その防止を目的に東京雑誌売捌営業者組合が結成され、売価を協定し、違反者には金五万円の罰金を課すことを規約し、監視員制度も設けたが実効はなく、同三十一年には組合の方が根負けしたらしく解散してしまう。同四十三年には、雑誌元卸七社が覚書を交わし、乱売防止に努めたが、それでも値引き競争は収まらなかった。

そのうえ、明治の頃は、委託販売制ではなく、買切制であったから、売れ残った場合、返品ができず、「売れなければ次の仕入れ代金にも事欠くことになるから、他より早く売り切るため書店は競って値引きをした」という。「売れ残れば在庫処分として見切り（値引き）販売した。定価は記載しているのにそれを守らず値引きするため過当競争となり、中には仕入れ値を切って販売する例も出る。無理を重ねた書店は仕入れ代金の支払いに困る。業界は混乱した。また過当な値引き競争は読者の不信を招いた」。

このような事態に対し、出版業界も対策を講じざるを得なくなった。1914年（大正3年）3月に雑誌の割引販売の防止を主目的とした東京雑誌組合（のちに日本雑誌協会）が設立され、4月には東京雑誌販売業組合、10月には東京

第 2 章　「出版者」の誕生と冒険 ―近代出版が歩んだ道―

表 2-1　激動の出版界 ―1914年（大正 3年）の出来事

1月	反省会、中央公論と改称。
3月	婦人の友社が『子供之友』創刊。 東京雑誌組合（のちの日本雑誌協会）が設立される。
4月	雑誌の割引の是正を目的として、東京雑誌販売業組合が設立される。
6月	下中弥三郎氏により平凡社が創業。
10月	東京図書出版協会（のちの東京出版協会）が設立される。
11月	大日本雄弁会（講談社）が『少年倶楽部』を創刊。 広田精一氏らによりオーム社が創業。

出典：『岩波書店七十年』（岩波書店刊）より

図書出版協会（のちに東京出版協会）が設立されたが、各組合は組合規約を定めて定価販売の励行を決めた（**表 2-1** 参照）。しかし、性急な完全実施の断行は、かえって混乱を招くので、「五年間を準備期間として値引き許容率を設けて段階的な実施とした。定価販売励行が本格的に実行されるのは、大正八年。雑誌が二月、書籍が十二月である」と、小林氏は書いている。

■ 3　岩波茂雄の挑戦 ―「本店の出版物はすべて定価販売御実行被下度候」

　出版物の定価販売の実施については、このような経緯があったが、もう 1 つ無視できない動きがあった。それは、岩波書店を創業した岩波茂雄による定価販売の励行である。とは言っても、岩波が最初に行ったのは、新刊書の定価販売ではなく、古書の正札販売である。

　岩波書店は 1913 年（大正 2 年）8 月に岩波茂雄によって古書店として創業したが、岩波は創業当初から正札販売を実行した。このことについて、『岩波書店七十年』という社史の大正 2 年の項に次のように記述されている。

> 当時、古本はもちろんの新刊も客に値切られれば割引く習慣であったが、岩波書店は当初からいっさい正札販売とした。これは非常に抵抗の多いことであったが、ついにやり通したため、古本と新刊とを問わず、一般に書籍販売に定価販売の習慣を作るに至った。

　この記述からわかることは、1914 年（大正 3 年）3 月に雑誌の割引販売を防止するため、東京雑誌組合が創立される前年から、岩波書店は値引きをしない

第 2 節　本はいつから「値引き」されなくなったのか

大正 8 年 (1919 年)	11 月 15 日	東京書籍商組合、定価販売につき官報および 10 新聞に広告。
	12 月 1 日	東京書籍商組合、組合員発行での定価販売を実施、同時に全国的励行の組織化のため各府県書籍商組合規約に標準化のため各府県書籍商組合規約の標準案を作製、配布。

表 2-2　岩波書店が率先して励行した新本の定価販売が、書籍商組合の規定となる経緯

出典：『岩波書店七十年』（岩波書店刊）より

正札販売を実施していたのである。そして、岩波書店は 1914 年 9 月、夏目漱石の『こころ』を刊行することによって、出版も行うようになるが、1915 年 10 月 1 日から「発行図書の奥付に "本店の出版物はすべて定価販売御実行被下度候" と印刷した」と、『岩波書店七十年』に書かれている。「これは全国の書店が多くはまだ割引販売をしていたためである」と、同社史にはある。

また安倍能成著『岩波茂雄伝』（岩波書店）には、「小売店で読者に一割引で売るなら始めから一割引いたものを定価にすればよい。定価を決めておいて其以下に売る方法はないとの意見だったので、自分の出版物は定価販売してくれと奥付に書き、それを実行しない所は取引を止めた」という岩波茂雄の言葉を紹介している。そして、『岩波書店七十年』の 1919 年（大正 8 年）12 月 1 日の項には、「岩波書店が率先して励行した新本の定価販売が書籍商組合の規定として行われるようになった」と書かれ、同じ年の「出版界」の動きを伝える欄には、こんな記述が見られる（表 2-2）。

なお、『岩波茂雄伝』には、岩波書店の創業者、岩波茂雄の生涯を綴った評伝が描かれており、出版業界に多大な影響を与えた人物の生き様が紹介されている。

出版物の定価販売は、このようにして実施され、1955 年（昭和 30 年）に独占禁止法の適用除外として制度化され、1970 年（昭和 55 年）10 月に "新再販制" が実施される。この制度では、「①再販制の採否は出版社が自由に決める（部分再販）。②再販制を採用する場合は、本自体に "定価○○円" と印刷表示し、取次会社（取引業者）と再販契約を行う。取次は出版社に委託された範囲内で書店と契約する。③再販品としたものでも、一定期間後、出版社は自由に非再販品とすることができる（時限再販）」（小林一博著『書店』）。

しかし、「新再販売制となっても、書店が出版社の意に反して自由に値引販売はできない」（同）ことになっている。

39

第2章　「出版者」の誕生と冒険 —近代出版が歩んだ道—

第3節
「取次」が主導した日本の出版流通

　委託販売制と並んで日本の出版流通の特色となっている定価販売制は、今まで見てきたような歴史を持っているのである。

■1　雑誌中心という形態を生んだ日本の出版流通

　日本の出版流通の特色である委託販売と定価販売が、いつ頃、どのようにしてできたかを見てきたが、その役割については、次のような指摘がある。

　　近代の委託制と戦後の再販制による流通制度が日本の出版産業の基盤を支えてきた。両制度は、長年「硬直化」していると批判されつつも、出版界全体がこの制度に頼り切っているのは確かであろう。再販制に関しては弾力的な運用が、委託制に関しても直販や買切制のような、返品なしの責任販売制が小部数専門書出版の世界では導入されつつある。
　　（蔡星慧著『出版産業の変遷と書籍出版流通 —日本の書籍出版産業の構造的特質』（出版メディアパル、2006年））

　ここに言う「再販制」とは、定価販売に他ならないが、この制度は、戦後、独占禁止法における適用除外として成立した。実はこの制度が法律的に認められる以前から、出版業界においては大正期に成立していたことは前述したとおりである。
　蔡星慧氏の著書では、日本の出版産業の特質として、「書籍と雑誌の総合流通における取次主導型産業構造は、日本独特の特質である」と指摘している。そして、この特質の内実について、次のように論じている。

40

第 3 節　「取次」が主導した日本の出版流通

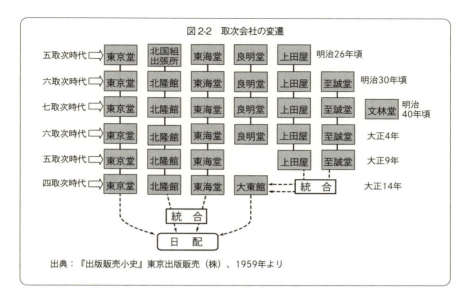

近代商業出版が本格的に発展していく明治中期以降は、出版販売普及機構としての取次が成立し、出版業が分化、専業化していった。1891 年（明治 24）に取次業を開業した「東京堂」に始まり、明治半ばの大取次時代を経て、1925 年（大正 14）には、東京堂・北隆館・東海堂・大東館の四大取次が確立し、本格的な取次機構の発展を遂げることになる（図 2-2）。
　これらの大取次は、取次専業に分化する以前の書籍の卸ではない、完全な雑誌中心の取次であった。そういった過程において、1 点ごとの特質を重視する書籍出版より、定期的に安定した部数確保を目指す雑誌中心の量産体制の流通機構が定着していったのである。

　蔡氏は、このように、日本の出版産業の特質の 1 つとして、取次の存在についてふれ、さらに、こんな指摘も行っている。

　明治中期に登場した大取次は、戦時体制において「日本出版配給株式会社」（以下日配と称する）に統合された。日配は、戦後、戦時中の独占的な支配力を失い閉鎖されたが、その支配力は今日の二大取次「東京出版販売株式会社」（現・トーハン）と「日本出版販売株式会社」へと受け継がれている。

第2章 「出版者」の誕生と冒険―近代出版が歩んだ道―

　二大取次を中心とした七大取次機構[注3]へ再編されたのは1949年（昭和24年）であり、現在の取次のスタートは、この「新取次の発足」が基盤になっている。このような経緯から見ると、今日の雑誌中心の出版流通は、近代・戦前からの構造的連続性を持つといえよう。

■ 2　歴史から見る「本屋」の役割 ―京都五山の出版から「本屋新七」まで

　少し引用が長くなったが、蔡氏の指摘を整理しておくと、次のようになる。
① 委託制と再販制による流通制度が日本の出版産業の基盤を支えてきた。
② 明治中期以降に成立した取次が主導する産業構造は、日本の出版産業の特質である。
③ 大取次は、書籍の卸ではなく、雑誌中心の取次である。

　このような日本の出版産業の特質は、今も続いているというのが、蔡氏の主張である。ここで指摘されている問題をきめ細かく分析していくことが、現在の日本の出版界が当面している課題の解明にもつながっていくのだが、それは歴史的視点からの分析によってのみ可能である。そこで、日本の出版は明治以前においては、どのような状態であったのか、その一端を紹介しておくと、脇村義太郎著『東西書肆街考』（岩波新書、1979年）の冒頭に、次のような記述が見られる。

　　京都ではながい間、五山が中心で仏書の刊行が行われていたが、応仁の乱以後 打ち続く戦乱のために、寺院の出版活動は次第に衰えていった。当時寺院の出版した書籍を取り扱ったり、堺に輸入される唐本を取り扱う商人がいたに相違ないが、その存在ははっきりしない。本屋・書林・書肆（または物の本屋）は、出版をするということが第一の条件であった。しかし、本屋の意味は、厳密にいえば、印刷（彫り、摺ること）も本屋の仕事であり、販売（卸売および小売）もその仕事であった。自家の出版物だけでなく、他の業者の出版物をも取り次ぎ、扱い、古書も取り扱った。要する

注3　七大取次機構とは、戦後、日配が解体されたあとに生まれた「トーハン、日販、大阪屋、栗田、太洋社、中央社、日教販」の7社を指すが、今日では、すでに経営難から、大阪屋、栗田は新大阪屋栗田に再編され、太洋社は廃業している。委託制度に依拠し発展してきた日本の取次機構は崩壊しつつあり、大変革を含む再編成を余儀なくされている。

42

に、今日の意味の出版業と販売とが一緒になっていたのであった。しかし江戸期はもちろん、明治期になっても、本屋の意味はそれほど変わらず出版が本屋の基本であったが、明治になると出版と印刷との分離が現われ、出版と販売、さらに新本と古本との分離が始まった。

わが国のみならず、ヨーロッパにおいても、出版の初期は宗教と関わっており、わが国においては、最初の印刷された出版物は西暦770年に制作された『百万塔陀羅尼』^{注4}である。これは当時、内乱で死亡した人たちの霊をなぐさめるため、陀羅尼と呼ばれるサンスクリット語で書かれた呪文を活版で印刷して高さ10センチ位の木の塔に収め、それを10万基ずつ、法隆寺をはじめ、10のお寺に収めた。以後、11世紀頃まではお経や仏教書など、「仏典」と呼ばれる出版物が刊行される。そして、12世紀頃になると、「仏典」以外の出版物も刊行されるようになり、これらは「外典」と呼ばれた。

「仏典」が出版物の中心であった時代は、出版の中心地は寺の多い京都であった。その京都に本邦最初の出版業者といわれる本屋新七と呼ばれる出版人が登場したのは、1609年（慶長14年）のことで、彼が刊行したのは『古文真宝』という本であった。

それまでは、出版活動を行っていたのは寺院であったが、これは出版物が「仏典」であったからである。しかし本屋新七の登場以後は、出版業者が出版の担い手となり、彼らは本屋と呼ばれた。井上和雄編『増訂慶長以来書賈集覧』によれば、慶長年間から明治維新に至るまでに登場した本屋は3757軒にのぼるといわれる。その中には、京都に今もある法蔵館や東京の吉川弘文館などがある。

■ 3　戦前の大手出版社が書籍出版に消極的だったワケ

江戸時代の本屋が残っている事例は少なく、現在営業している出版社は、その大部分が明治以後の創業で、それらの出版社は、雑誌の出版によって創業し

注4　百万塔陀羅尼とは、藤原仲麻呂の乱を治めた称徳天皇が、戦死した将兵の菩提を弔うと共に、鎮護国家を祈念するために、6年の歳月を掛けて『無垢浄光大陀羅尼経』に基づいて、陀羅尼を100万巻印刷し、小さな塔に納めて「大安寺・元興寺・法隆寺・東大寺・西大寺・興福寺・薬師寺・四天王寺・川原寺・崇福寺」の十大寺に10万基ずつ奉納したと伝えられる。日本最古の活版印刷物であるが、その印刷方法は、近年、木版説が有力であるが「木製か金属製か」は定かではない。

第 2 章 「出版者」の誕生と冒険 ―近代出版が歩んだ道―

表 2-3 江戸・明治期に創業された主な出版社

出版社名	創業年	創業者
法蔵館	1602 年 (慶長 7 年)	西村九郎右衛門
吉川弘文館	1857 年 (安政 4 年)	近江屋 半七
丸善商社	1869 年 (明治 2 年)	早矢仕 有的
金原医籍店	1875 年 (明治 8 年)	金原 寅作
大倉書店	1876 年 (明治 9 年)	大倉 孫兵衛
有斐閣	1877 年 (明治 10 年)	江草 斧太郎
春陽堂	1878 年 (明治 11 年)	和田 篤太郎
南江堂	1879 年 (明治 12 年)	小立 鉦四郎
三省堂	1881 年 (明治 14 年)	亀井 忠一
冨山房	1886 年 (明治 19 年)	坂本 嘉治馬
中央公論社	1886 年 (明治 19 年)	嶋中 雄作
博文館	1887 年 (明治 20 年)	大橋 佐平

出典:『出版産業の変遷と書籍出版流通』出版メディアパル

た出版社が多い（**表 2-3**）。その理由について蔡星慧氏の著書で次のように指摘
している。

　　日本では雑誌中心の出版が成立しているといわれる。そのような構造は明
　治中期以降、出版を専門に取り扱う大取次が登場してからである。商業出
　版が芽生えた江戸時代は、出版・卸・小売の概念が分化していなかった。今
　日のような雑誌中心のマス出版流通体制ではなく、小部数の書籍出版の取
　引は直接送品・直接集金で間に合っていたのである。

　しかし、「明治中期の大取次は創業当初から書籍を取り扱わなかったことも
あり、戦前創業の大手出版社は書籍出版を好まず、雑誌出版によって発展して
きた経緯がみられる」と蔡氏は指摘している。

　このことが、現在の日本の出版業の特質につながっているのだが、その経緯
を、もう少し具体的に検証してみる必要がある。

　現在、大手出版社として君臨している出版社のほとんどは雑誌出版によって
発足しているのだが、わが国においては雑誌の登場は、明治元年の前年である
1867 年（慶応 3 年）であった。この年、柳河春三によって創刊された『西洋雑
誌』が最初の雑誌だが、雑誌の登場と取次の登場が明治以後の近代出版を特徴
づけた経緯も次節で述べる。

44

第4節　出版取次の源流―"本の流れ"はどう作られたか

第4節
出版取次の源流 ―"本の流れ" はどう作られたか

■ 1　元禄の出版ブームと『本屋仲間』『地本問屋』

　前節では、明治以後の日本の出版流通において、取次が大きな役割を果た
し、さらに取次は書籍よりも雑誌を優遇することによって、日本の出版業が雑
誌を中心にして発達したという問題を提示した。しかし、この問題についての
考察はまだ序論にとどまっており、もっと深く考察しなければならない。そこ
で、まず、取次がどのような経緯で成立したかを見ていく。

　村上信明著『出版流通とシステム ―「量」に挑む出版取次』（新文化通信社、
1984年）には、出版取次業の成立について、次のように記述されている。

　　出版取次の成立は明治時代に入ってからとされるが、その源流は江戸時代
　　の出版業者の組合である「本屋仲間」と「地本問屋」である。本屋仲間は
　　仏書・史書・伝記・医書など硬派本を扱い、地本問屋は小説本・絵本・錦絵な
　　どマス商品を扱った。いわば、本屋仲間は今の書籍版元・書籍取次・書籍店
　　を兼ね、地本問屋は雑誌版元・雑誌取次・雑誌店を兼ねて、それぞれの販路
　　をもっていた（中には両方を扱う者もいた）。前者はその後の書籍ルート、
　　後者は雑誌ルートの原型といわれる。

　このようなルーツを持つ出版取次業は、明治になって、その特色をはっきり
とさせていくが、村上氏はさらにこう述べている。

　　明治に入って、新しい活字印刷技術の導入、義務教育の開始、郵便制度と
　　交通機関の発達などにより、出版活動が活発になった。出版物が量産され

45

第2章　「出版者」の誕生と冒険 —近代出版が歩んだ道—

るようになった明治中期、東京に出版取次が相次いで誕生している。もっとも、この頃、「取次」と名乗ったわけではなく、「売捌所」といったのがほとんどという。また、初期の取次は新聞卸しとの兼業で、どこが最初の出版専門取次なのか、はっきりしない。

　村上氏によると、出版取次業の源流は、江戸時代の出版業者の組合である「本屋仲間」と「地本問屋」であるというが、これらは、どのようにして成立したのであろうか。そのことを明かしているのは、清水文吉著『本は流れる —出版流通機構の成立史』（日本エディタースクール出版部、1991年）で、次のように記述されている。

　　わが国で商人により商業出版が創成されたのは、江戸時代初期の慶長十四（一六〇九）年に、京都で書肆を開いた「本屋新七」とされていることは前述した。これに続いて元和・寛永年間にかけて新しく書肆業者が次々と開業して、寛永年間には京都の本屋の数は四十軒をこす繁昌をみ、元禄時代に起きた出版ブームの源泉となった。日本の出版文化は京都の町衆の手によって創られたのである。京都を根にした出版書肆の商業活動は、文化・消費都市へ発展しつつあった大阪、つづいて江戸へと移植され、寛文期（一六六〇年代）のころから、大阪と江戸の出版は旺盛になり、元禄七（一六九四）年に京都の本屋仲間（書店組合）が結成され、江戸は書物問屋が享保六（一七二一）年に、つづいて享保八年大阪に本屋仲間が結成され、京都、大阪、江戸三都の出版業者組合はそれぞれ幕府から公認されたのである。

■ 2　明治期前半は、新聞流通網が出版流通を代行した

　清水氏によると、「この時代の本屋というものは、今日の新刊販売を専業とする本屋とは業態を異にしている点が特徴である」が、「出版業者であると同時に小売業者を兼ね、さらに同業者同士、あるいは近接または遠隔の地方都市出版業者と仲間取引する取次、卸業者でもあり、また地域住民の読書愛好者に密着した古書売買業者でもあった」と言う。

　清水氏の言う江戸における「書物問屋」と、村上氏の言う「地本問屋」は同じであるが、出版取次業は、「本屋仲間」「書物問屋（地本問屋）」が源流だっ

46

第4節　出版取次の源流─"本の流れ"はどう作られたか

たのである。それが、明治になって取次業へと移行するのだが、清水氏によると、明治20年頃までは、出版物を出版社から仕入れて、小売書店に販売するという形の取次店はまだ生まれていなかった。そのため、専業の取次業者が成立するまでは、新聞の販売業者が代行し、まず雑誌の取扱いから始めて、次第に書籍を扱うようになっていったのである。そして、さらに、清水氏は、こう述べている。

> "本の流れ"よりは歴史の浅い"新聞の流れ"ではあったが、その速報・速達性の必要から、出版流通の拡大に先行し、また郵便制度の創設とその進歩発展にともない、新しい販売経路を開拓しつつあった。明治初期における新聞の販売方法は、専業の販売業者とか、売捌人_{うりさばきにん}というものはなく、江戸期からの書籍店や絵双紙問屋、煙草店、両替店など、あまり仕事の忙しくない店舗に委託販売の方法により、店頭に陳列して読者に売っていた。それが新聞発行の紙数、発行部数の増大とともに、新聞売捌業を独立の営業として成り立つ採算基盤ができ、明治十一年にいたって専業の新聞販売業者が出現したのである。

　清水氏によると、東京では1878年（明治11年）頃に芝・虎の門に青霞堂、日本橋・人形町に法木徳兵衛（のちの法木書店）、新芳町に良明堂、飯田町に竹田などが新聞売捌店として名乗りをあげている。これらの新聞販売店のなかで、良明堂は1878年の創業時から新聞以外に雑誌を扱うことを始めており、雑誌の比重を高めていった。

　そして、のちに出版物の専業取次店となった。1887年（明治20年）頃には、東京市内の新聞販売店で雑誌を取り次ぐ業者は14軒ほどになり、規模が比較的大きかったのは、良明堂の他に信文堂、巌々堂、指金堂、東海堂などがあり、これらの販売店は、地方の新聞販売店から雑誌の注文もとっていたものと思われる。良明堂以外に、東海堂もまた新聞販売業から脱して出版物の大取次店となった。

■3　近代的な出版流通機構の確立へ？　明治から大正期

　村上氏によると、取次の源流としては、新聞売捌業以外に、出版社における販売の分業化である「競取り屋_{せどりや}」がある。「せどり屋は個人営業の"担ぎ屋"

47

第 2 章 「出版者」の誕生と冒険 ―近代出版が歩んだ道―

表 2-4　取次業の変遷

1878 (明治 11) 年	良明堂創業。1892 年に出版専業取次となる。
1886 (同 19) 年	東海堂創業。
1887 (同 20) 年	上田屋書店創業。雑誌・書籍取次と小売書店を兼業し、当初は新聞取次も行う。
1891 (同 24) 年	東京堂、卸部を開設。その前年に小売業から出発し、出版社の博文館の姉妹会社。
1891 (同 24) 年	福井・石川・富山の北陸 3 県の新聞・雑誌・書籍の取次業者 14 名による共同経営によって設立された北国組の東京出張所が開設。1894 (同 27) 年に北隆館と改称。
1895 (同 28) 年	至誠堂創業。最初は古本・貸本業で 1899 年 (同 32 年) に新本・雑誌取次と小売を開始。
1898 (同 31) 年	文林堂創業。大正中期以降、整理に入り、1928 年 (昭和 3 年) に浅見文林堂と改称して書籍取次に。

出典：村上信明著『出版流通とシステム ―「量」に挑む出版取次』(新文化通信社、1984 年)

　で、小売書店を回って注文を取ったり、出版社から見込み仕入れをして書店に流して、書籍の取扱い口銭を稼いだ」のである。得意先は特定少数であったが、徐々に規模を拡大していった。

　こうした取次業の変遷を、村上氏は『出版流通とシステム』で、表 2-4 のように整理している。　これら「七取次は、それぞれ雑誌出版社との関係を深めて雑誌元取次 (一次取次) となり、一九一〇年 (明治四十三年)、互いに雑誌乱売防止の覚書を交わし、一九一四年 (大正三年) には出版社と書店を交えて雑誌の定価販売制をスタートさせた」と、村上氏は指摘している。そして、「明治末期から大正初期にかけて、元取次や中取次から独立した者、そこからさらに分家した者、新しく取次業を興した者という具合に新取次が続々誕生した。大正末期には、取次数は三〇〇を超えたといわれる。しかし、当時は出版社や書店で取次を兼ねるところが多かったようで、専業取次がどれくらいの数かははっきりしない」と、村上氏は述べている。

　明治から大正にかけて発足した取次の中で、最も早く取次業として形を整え、のちの取次業に大きな影響を与えたのは東京堂であった。その東京堂は、既述のように博文館の姉妹会社であったが、東京堂と博文館の関係について考察することが、雑誌を中心とする日本の出版という特色を解明することにつながっていく。そのためには、日本における雑誌の発生や博文館の創業についてもふれなければならない。次節で、こうした総合的考察を試みたい。

48

第5節 博文館の隆盛と戦前最大の取次「東京堂」

■1 創業1年余で"10誌"を創刊 ─博文館の雑誌出版

　前述のように雑誌を中心とする日本の出版業の特色は、取次業の存在と密接に関わるということを指摘し、その取次業がどのようにして成立したかをたどってみた。そして、取次業として最も早く形を整え、のちの取次業に大きな影響を与えたのは東京堂であり、同社は博文館の姉妹会社であると述べた。

　そこで、まず博文館という出版社がいつ発足し、東京堂が博文館にとって、どのような存在であるかを明らかにすることから始めたい（図2-3）。

　博文館という出版社は、1887年（明治20年）に大橋佐平が創業した。社名は、初代内閣総理大臣 伊藤博文の博文に由来する。大橋は新潟県長岡の出身で、長

左：明治25年頃、右：明治35年に増設された博文館
図2-3　博文館の外観（『博文館五十年史』より）

岡において『越佐毎日新聞』や『佛教新聞』を発行した後、上京して本郷で『日本大家論集』という雑誌を創刊する。当時発行されていた雑誌の中から名士の論説記事を集めて1冊としたもので、菊判80頁で定価10銭であった。

この雑誌は、表紙の真ん中に「日本大家論集」と横書きし、その上にThe collection of Essays by eminent writers in Japan. と書き、その下に政學、法學、經済、文學、理學、醫學、史學、哲學、工學、宗教、教育、衛生、勸業、技藝と並べ書きされていた（図2-4）。

第1号は1887年（明治20年）6月15日に発行されたが、『博文館五十年史』という社史には、第1号の目次を掲げ、こう述べている。「以上の各篇の他に學界に關する時事や、詩歌等を添へた。斯く多数各家の意見を一冊中に収めて讀むことを得るのは、従来全く無き事だから、大衆の歓迎を得たのは固より偶然ではない」。社史によると、第1号は最初3000部印刷したが、たちまち売り切れ、7月中に4刷を発行し、幾回も版を重ね、翌年2月にさらに重版した。

この雑誌は、東海堂、良明堂、巌々堂、信文堂、盛春堂などで取り扱ったが、すぐに全国に広まった。そのため、類似の雑誌が創刊されたが、それらの雑誌は2、3号で廃刊した。

博文館は続いて1887年9月10日に『日本之教學』、同月25日に『日本之女學』、10月5日には『日本之法律』を創刊、さらに1888年（明治21年）4月25日に『日本之時事』、5月25日に『日本之兵事』を創刊する。また同年12

図2-4　『日本大家論集』第1号の表紙（『博文館五十年史』より）

月1日には『日本之警察』も創刊する。

このように、博文館は1887年から1888年にかけて、10種の雑誌を創刊する。その一方で、1887年8月には、同年1月から6月に至るまでの新聞の論説を各社から1編ずつ選んで集録した内山正如編『日本之輿論』という単行本も刊行している。これ以後、博文館は単行本の出版も行うようになり、1888年6月に出版した坪谷善四郎著『市制町村制註釈』は、菊判400頁、定価40銭であったが7月に重版し、8月に3刷、翌年3月までに6刷、1894年（明治27年）までに十数刷と版を重ねるほどの売行きを見せた。

そして1889年（明治22年）には、『實用教育新選百科全書』全25巻の刊行に着手し、この年、2月11日に帝国憲法が発布されると、園田贇四郎著『大日本帝国憲法正解』、坪谷善四郎著『大日本帝国憲法註釈』を刊行した。後者は菊判778頁、定価1円であったが、数刷と版を重ねた。この年は8月から『江戸會誌』を発行、1890年（明治23年）は国会が開設されるので、憲法発布の日に『國會』という政治雑誌を創刊、2月23日には『日本之少年』という雑誌を月2回刊で創刊し、12月には『五大法律學校聯合討論會筆記』を創刊した。

■ 2　予想を超える大好評を博した商業誌『日本大家論集』

このように、博文館は創業当初から活発な出版活動を行い、雑誌の種類も多くなったので、1890年（明治23年）1月から13種類になった雑誌を次の6種類に整理する（表2-5）。

表2-5　博文館の発行雑誌の変遷

既刊雑誌	新雑誌名	既刊雑誌	新雑誌名
日本大家論集 日本之数学	日本大家論集	日本之女學 やまと錦	日本之文華
日本之法律 日本之警察	日本之法律	日本之少年	日本之少年
日本之商人 日本之殖産 日本之時事國会	富國	五大法律學校聯合討論 會筆記	五大法律聯合討論會筆記
出典：『博文館五十年史』より			

51

第 2 章 「出版者」の誕生と冒険 ―近代出版が歩んだ道―

　1890 年の暮には、全資産が 1 万円に達したというが、博文館は、これ以後も新しい雑誌や書籍を刊行して、発展をしていく。
　日本に雑誌が誕生したのは、1867 年、すなわち明治の前年である慶応 3 年、柳河春三が創刊した『西洋雑誌』が最初の雑誌だと言われる。この雑誌は、オランダで発行された雑誌の記事を翻訳して掲載したが、この雑誌の登場によって、江戸時代までは出版物と言えば書籍だけだったものが、出版物の種類が多様化することになったのである。
　しかし、1877 年（明治 10 年）ぐらいまでに発行された雑誌は、『民間雑誌』とか『明六雑誌』など、商業誌というより新しい時代の思想や文化を紹介する啓蒙的色彩の強いものが多かった。それが、明治 10 年代以後は、商業的色彩の強い雑誌が登場するようになり、その典型は、1887 年（明治 20 年）に創刊された博文館の『日本大家論集』であった。
　『博文館五十年史』によると、『日本大家論集』は「この一冊あれば當代に於ける各雑誌の最も卓越したるもの、總てを、略ぼ讀み得らる、便利を具備したれば、忽ちにして豫想を超越したる大好評を博したのだ」が、そのことによって商業誌として成功し、創業してわずかの間に博文館を黒字経営の出版社にすることができたのである。

■ 3　博文館の隆盛を後ろ盾に ―取次会社「東京堂」の誕生

　そこで博文館は、1890 年（明治 23 年）に東京堂という出版物の取次販売店も経営することになる。この店は最初、博文館の創業者である大橋佐平の妻・松子の実弟である高橋新一郎が創業した。

　高橋の長女・かう子は大橋佐平の二男省吾と結婚したが、博文館が発展すると、新一郎は兄と共に上京した。兄は日本橋区で日本堂という石版刷の絵画の出版を始め、新一郎は表神保町で東京堂を創業した。日本堂はあまり発展しなかったので、兄は新潟に帰り、幾多の名誉職に就き、後年、大橋家のすすめで上京し、1907 年（明治 40 年）10 月に浅草区で洋紙店を開業した。
　一方の東京堂は、次第に盛運に向かいつつあったが、同業者に有力な先輩が数多くいたので、新一郎は博文館の仕事を手伝っていた省吾を大橋姓に戻し、

第5節　博文館の隆盛と戦前最大の取次「東京堂」

省吾が妻のかう子と共に東京堂の経営に専念することになり、新一郎は新潟に帰った。それ以後の東京堂について、『博文館五十年史』には次のように書かれている。

　爾来東京堂は大橋家の援助の下に、年々に發展し、全國及海外にまで普ねく圖書雜誌を取次販賣する傍ら、自家でも出版し、其間に明治二十五年四月十日の神田の大火に類焼せしも、毫も屈せずして其業を續けたが、明治四十四年一月三十日に店主大橋省吾氏は病で没し、長男英太郎氏が省吾の名を嗣ぎ、店主の名を襲いしも、病身にて店務を見る能はざりし故、母かう子の監督の下に母の叔父の長子大野孫平氏を支配人として業を續け、同年三月資本金拾萬圓の合資會社として、佐平翁の孫大橋正介氏を代表社員とし、大野孫平氏の支配人たること故の如くであった。而して大正二年三月十日大橋正介氏が死亡するや、大野孫平氏は代って代表社員と爲った。

　この大野孫平が東京堂を取り仕切ることになるのだが、彼は東京堂を発展させると共に、取次業界にも大きな影響を与えるようになる。それ以後の東京堂について、『博文館五十年史』は、次のように述べている。

　斯くて東京堂の事業は益々隆盛を加えつゝあるとき、大正二年二月二十日神田の大火に、またも類焼の災に罹りしも直ちに改築して復興し、大正六

資料2-2　1890年（明治23年）の博文館の東京堂に対する取引条件

雑誌名	定価	卸値	小売値
富国	八銭	六銭	六銭五厘～六銭三厘
日本之少年	八銭	六銭	六銭五厘～六銭三厘
日本之法律	一〇銭	七銭五厘	七銭八厘
日本大家論集	一〇銭	七銭五厘	七銭八厘～七銭六厘
江戸会誌	一〇銭	七銭五厘	八銭～七銭八厘
書籍名	定価	卸値	小売値
日本法典全書	三〇銭	二四銭	不明
日本文学全書	二五銭	二〇銭	二一銭
書籍名	定価	卸値	小売値
万国歴史全書	三〇銭	二二銭	二二銭～二一銭
技芸百科全書	二五銭	一八銭	一八銭五厘～一八銭
日本民法正解	三〇銭	二二銭	二四銭
英国史	三〇銭	二二銭	二一銭五厘

出典：『東京堂の八十五年史』

第 2 章　「出版者」の誕生と冒険 ―近代出版が歩んだ道―

図 2-5　1936年（昭和11年）頃の博文館（『博文館五十年史』より）

年三月には組織を株式會社に改め、資本金を三十萬圓にし、更に大正九年十一月には、尚また資本金を百萬圓と爲したが、大正十二年九月一日の大震火災には、全所有財産を擧げて烏有に歸した。實に同社創立以來の厄に罹ること三回だが、一難を經るごとに益々躍進し、忽ち復興して、大正十五年十二月には、資本金を二百萬圓と爲し、昭和三年十二月從來の表神保町を小賣店と爲し、卸部を神田錦町三丁目に移し、昭和四年十二月小賣專用店舗の新築が落成し、更に昭和八年五月二十一日麹町區九段一丁目七番地に本店を求めて移り、昭和九年十二月一日、更に資本を三百萬圓に増加し、今は斯業界に於て全國第一位に推さるゝに至った。

　こうして、東京堂は博文館の力もあって、戦時体制の中で取次業が統合されて、日本出版配給株式会社（日配）ができるまで、取次業のトップに君臨する（図 2-5 は、1936年（昭和11年）頃の隆盛を誇る博文館の外観写真）。
　しかし、その間には、親会社ともいうべき博文館は、転変の激しい運命に見舞われる。そのこととからめて、次節は明治半ば以降の日本の出版について見ていこう。

第6節　"明治の出版王"大橋佐平と息子・新太郎

第 6 節
"明治の出版王" 大橋佐平と息子・新太郎

■ 1　博文館の成功は「父子の合作」

　1887年（明治20年）に『日本大家論集』という集録雑誌を創刊することによって発足した博文館は、創業間もなく黒字経営となり、急速に社業を拡張し、出版経営のみならず、取次会社まで傍系に加えるようになった。その取次会社が東京堂で、同社は1934年（昭和9年）には取次業界で第1位を占めるまでになった。

　そのプロセスをたどると、商業出版の成功例の典型のように思えるが、出版という仕事の厳しさも同社の歴史は示している。というのは、明治から大正、昭和初期にかけて、雑誌、書籍など、多様な出版活動を行った同社は、現在、新社として存続しているが、主要な出版物は各種の日記で、一般向けの書籍出版は、それほど活発ではない。

　その点については、明治40年代に創業した講談社などの方が活発である。講談社は、社歴から言えば、博文館よりも後発であったが、博文館とは逆の経営方法を行うことによって、出版社として大を成した。

　博文館とは逆の経営法とは何かというと、出版物の販売における方法が違っていたということである。その違いとは、博文館が流通の面で買切制に固執したのに対し、講談社が委託販売制を採用することによって部数を伸ばし、経営を拡大していったことである。委託販売制がいつ頃採用されたかということについては、すでに第2章第1節で述べたが、この問題を論じるにあたっては、博文館の出版活動をもう少し見ておく必要がある。

　博文館という出版社は、新潟出身の大橋佐平が創業したが、彼の出版活動については、嗣子の新太郎の力も大きく寄与しており、さらに佐平が新潟にいた

55

第2章 「出版者」の誕生と冒険―近代出版が歩んだ道―

図2-6　大橋佐平（左）と息子・新太郎（『博文館五十年史』より）

頃、新聞の発行に関わったことが博文館の発行する雑誌に影響していたという事情を、もう少し細かく見ておかなければ博文館という出版社の実態はわからないからである。まず新太郎（図2-6）の影響であるが、実は博文館が最初に発行した『日本大家論集』は、新太郎のアドバイスによって創刊された。

そのことを、『博文館五十年史』は、次のように述べている。

> 明治十九年の末に、翁（佐平のこと）は上京して、翌る春雑誌発行を企て、最初に宗教雑誌と女学生向きの雑誌とを発行せんとて、氏（新太郎のこと）の意見を求められた。此時氏は既に二十五歳で新聞発行と図書販売では、十分の経験を積んだ後であるから、翁に答えて雑誌の発行は時宜に適すと思うが、宗教や女学生向では一方に偏して効果が薄かろう。其れよりも社会の各階級に亙って指導すべく、而かも最も廉価にして薄利多売の主義を採り、外国の集録雑誌という様なものを先づ発行した方が宜かろうと勧めた。此意見が採用せられて、先づ「日本大家論集」を発行して博文館が創立せられたのだ。　　　（筆者注：表現は、現代仮名づかいに改めてある）

■2　新聞発行の経験を生かす ―戦時グラフ誌『日清戦争実記』を創刊

『博文館五十年史』では、大橋佐平と新太郎の役割について、「博文館の事業は、父佐平翁と嗣子新太郎氏の合作で、成功したのである。翁には非凡なる先

見の明と、萬難に堪える勇気があるも、周到の用意には欠くる所がある」と書いているが、最初の出版物である『日本大家論集』の発行は、こうした佐平と新太郎の性格の違いが影響していたのである。

次に、佐平が新潟で新聞発行に関わったことが、博文館発行の雑誌に影響したということについては、稲川明雄著『龍の如く —出版王　大橋佐平の生涯』（博文館新社、2005年）に、次のような記述が見られる。

> 明治二十七年に日清戦争が勃発すると、大橋佐平は、かつての新聞社時代を思い出し、戦争を報道することを企てた。この年、八月一日宣戦布告となり、日本と清国の間で戦争が始まった。戦場は主に朝鮮半島と黄海であった。国民はその戦況を知りたがっていた。

ここで指摘されている佐平の「新聞社時代」とは、新潟県長岡で発行した『越佐毎日新聞』であるが、佐平は『佛教新聞』の発行にも関わっている。こうした体験を持つ佐平は、1894年（明治27年）に日清戦争が始まると、同年8月25日に『日清戦争実記』という雑誌を創刊する（図2-7）。

この雑誌について『龍の如く』は、こう書いている。

> 発刊と同時に第一編は飛ぶように売れ、増刊を重ねることになった。好評の原因は、始めて写真銅版を使用したことと、巻頭に主要人物の肖像写真を飾り、次に戦局地図を載せて、本文は戦争の経緯を詳述したことであっ

図2-7　明治27年創刊『日清戦争実記』（『博文館五十年史』より）

た。あたかも戦場にいるかのような写真が、使われており、話題騒然となった百ページの雑誌だ。しかも一冊八銭、毎月三回の発行で十二月末まで第十三編まで発行されている。

第一編は結局、五万部増刷された。当時、雑誌で一万部以上売れるものはほとんどなかったから、空前の売上である。

この『日清戦争実記』について、『博文館五十年史』が好評だった理由をこう指摘している。

此の「日清戦争実記」の好評を博した原因は種々ある中で、始めて写真銅版を利用したということが与って大である。従来出版物の肖像は、木版と石版との外に無かったのを、本誌で始めて写真版で、海陸軍の出征将校や、戦死者を首とし、我が内閣諸公や清國の人物や、戦地の写真等を掲げたのが、大いに評判と爲ったのだ。

■ 3 雑誌の成功モデルにならい書籍でも「シリーズ」や「全集」方式を考案

このように『日清戦争実記』は、写真印刷の面で銅版を初めて使用したことが大きな効果をあげ、読者に好評だった。「斯くて此雑誌は明治二十九年一月第五十編を以て、大成功で完結した。同誌の発行は実に博文館の事業の上に至大なる礎石を据えたものである」と『博文館五十年史』に書かれている。

当時、新聞はまだ写真印刷の技術が発達しておらず、ニュースは挿絵を使って報道するような状態だったことも、『日清戦争実記』の印象を強くした。

そのため、博文館は1904年（明治37年）に日露戦争が始まると、今度は『日露戦争実記』（図2-8）を、やはり旬刊で発行した。この時は、宣戦詔勅発布後3日目の2月13日の創刊であったが、「体裁は往年の『日清戦争実記』に倣い、菊判百二十八頁、口絵写真四枚と戦地の地図を添え、定価一冊金十銭であったが、本館創立以来空前の売行を呈し、第一号は二十六回版を重ねて十萬余部を発行した」と『博文館五十年史』にある。

そして博文館は、1904年（明治37年）3月18日、『日露戦争写真画報』も月

1回発行している。

このように、博文館は戦争報道において、新聞と同じような報道機能を持った雑誌を発行したのであるが、そのために、佐平は組織的な整備にも力を入れた。

『龍の如く』によると、『日清戦争実記』の発行のために「特別の編集主任制を設け、日清戦争をテーマに特別班をつくった」という。「まるで新聞社が特集記事を編むような体制をつくったのだ」が、こういうところにも、佐平が長岡で新聞の発行に関わったことが影響しているのかもしれない。

博文館の出版活動については、『龍の如く』では、佐平が考案したのは、「シリーズもの。全集ものの発刊」だったと指摘している。たとえば、『実用教育百科全書』などだが、これは「江戸時代に双紙・双書の類いを近代的な表題を付した」ものだというが、雑誌の発行によって出発した博文館は、書籍の刊行においても、雑誌的な性格のものを主流に置いたのである。

これは、雑誌を主体とする日本の出版の特色と言ってよいが、この点で博文館は日本の出版を象徴していたのである。そのことを踏まえて、さらに考察を進めていきたいと思う。

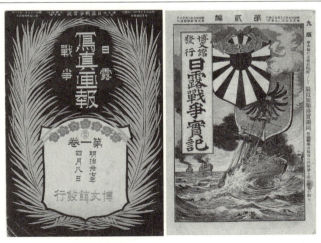

図2-8 『日露戦争写真画報』と『日露戦争実記』(『博文館五十年史』より)

第 2 章　「出版者」の誕生と冒険 ―近代出版が歩んだ道―

第 7 節
"出版王国"を揺さぶった「返品自由」の衝撃

■ 1　書籍を定期刊行物化 ―読者を安定確保した大橋佐平の「経営の才」

『日本大家論集』という集録雑誌によって出発した博文館は、雑誌のみでなく、書籍の刊行にも乗り出したが、それは、シリーズもの、全集ものが中心だったと稲川明雄著『龍の如く ―出版王 大橋佐平の生涯』（博文館新社、2005年）は指摘している。同じようなことを、田村哲三著『近代出版文化を切り開いた出版王国の光と影 ―博文館興亡六十年―』（法学書院、2007 年）が次のように論じている。

> 博文館の書籍出版は全集物の出版に重点を置いたものだった。それは初め古典物を多く手がけたこともあったが、それだけではなく定期的に刊行することによって、安定的に読者を確保する狙いがあった。つまり雑誌の延長線上に書籍の出版を重ねていた。広告宣伝が未熟で小売店も限られていた時代、一点一点発行するたびに読者を確保する単行本と違い、全集物は雑誌とともに出版経営上最も安定的な手法であった。

図 2-9　左は『日本文庫』『温知叢書』と右は『少年文学』（『博文館五十年史』より）

第7節 "出版王国"を揺さぶった「返品自由」の衝撃

表2-6 創業5年頃の博文館の全集（『博文館五十年史』より）

全集名	発行巻数	全集名	発行巻数
少年文学	全32巻	幼年文学	全32巻
歴史読本	全12巻	普通教育全書	全12巻
女学全書	全12巻	農業全書	全12巻
謡曲通解	全8巻	日本文学全書	全24巻
温知叢書	全12巻	東洋文芸叢書	全12巻
日本百傑伝	全12巻	通俗教育全書	全100巻
日本歌学全書	全24巻	日本法典全書	全12巻
商業全書	全12巻	世界百傑伝	全12巻
講習全書	全24巻	技芸百科全書	12巻
万国歴史全書	全12巻	博文館叢書	巻数不定
支那文学全書	全18巻	寸珍百種	全52巻

　それは、図2-9のような全集であったが、同書によると、これは大橋新太郎の優れた経営感覚によるものであったというが、創業5年後の1892年（明治25年）半ばには、全集物による書籍定期刊行物は、22点に及んだ（表2-6）。

　これらの全集物のうち、『少年文学』と『幼年文学』については、『博文館五十年史』では巻数不定となっている。全集類は、定期刊行物なので、新聞雑誌と同じく、第3種郵便物とした。これは1部の重さ16匁までは5厘、それ以上は16匁ごとに5厘を増すという制度であった注5。

　ところが、大きな出版物は1部で1000頁以上になり、重量は5、60匁を下らず、逓信省は運搬に困って、明治25年2月省令14号をもって第3種郵便許可制を公布した。これによって、記載事項の性質が終期を予定すべきものや書籍の性質を有するものは、第3種郵便物とせず、第4種郵便物とした。

　しかし、博文館は全国に1000余の売捌所があって、多くの図書雑誌を海陸運輸の便に託していたため、この郵便制度の改正の影響はあまりなかった。

■2　実業之日本社の販売「新方式」の発表で出版界はたちまち活況

　このように、博文館は、郵便制度の改正に対しても、びくともしなかったのだが、その博文館が流通面で遅れをとり、やがて弱体化するという事態が起こる。

　それは、出版物の販売制度の変化が要因となった。その変化とは、従来の買

注5　1匁は3.75グラムで16匁は60g、1厘は1円の1000分の1、1銭の10分の1。

61

第 2 章　「出版者」の誕生と冒険 ―近代出版が歩んだ道―

切制による取引ではなく、返品を認める委託販売制への移行である。創刊 4 年目を迎えた実業之日本社の『婦人世界』（図 2-1）が新年号から委託販売制を実施したのである。

　返品を認める制度がどのようにできたのか。返品制度のルーツについては前述したように、橋本求著『日本出版販売史』（講談社、1964 年）に収められた座談会で次のように指摘されている。

　　大野孫平（東京堂会長）　実業之日本社がまず『婦人世界』を返品制にふみきったのが明治四十二年だった。その頃までは、われわれ取次では、すべて「売切り・買切り制」でしたね。博文館なんかの本は、発行日から一月も遅れて見はからって送ったけれども、たいがい売れましたね。
　　返品をとるということに書籍がなったのは――雑誌もそうなんですが――やはり明治の末から大正の初めごろ、それも、ある特殊のものについて少しずつ始まったのです。それまでは、売切り買切りであると同時に、前金をとってやったものです。東京市内はともかくとして、地方は運賃のかかる関係もあるし、取引先の向こうの状態はちっともわからないし、乱売時代で相手がいつどうなるかも知れんという不安もあったものだから、前金でなければ品物は送らなかったわけです。むろん貸売りもしないし、返品も取らなかった。
　　藤井誠治郎（元大東館取締役）　日露戦争のあとあたりも、われわれの取引じゃ「入銀」[注6] なんかでやって、委託をしない。個々の発行所では委託でもって東京市内や地方の大きい書店に本を送りつけて、売残りを引き取るという例もあったが、われわれの方は、前金で金を送ってなければ、地方へは品物を送りはしなかった。

　ところが、雑誌の方で返品を認める社が現れた。そのことを、『日本出版販売史』は、こう述べている。

　　雑誌社の中で最初に返品を自由にしたのは、実業之日本社で、まず『婦人世界』（明治三十九年創刊）についてであった。まだどこの社でもやっていないこの新方式を、思いきって採用したのは増田義一の大明断で、明治四

注6　33 ページの（注2）に同じ。

62

第7節　"出版王国"を揺さぶった「返品自由」の衝撃

十二年の新年号からこの方針でやると発表すると、小売店は、俄然活気を呈し、危ぶんでいた取次方面の心配を蹴散らすように『婦人世界』の売行きはめきめき伸びて、たちまちの間に同類の雑誌を大きく抜き去った。

これに自信を得た実業之日本社では、続いて他の全雑誌も返品自由ということに踏み切り、1913年（大正2年）から1914年頃には、ついに"実業之日本社時代"を生むに至ったのである。

■ 3　「店頭販売の伸縮性」を重視する出版社が台頭する時代へ

だが、この変化に対して、博文館はかたくなに抵抗した。そのことを、大野が前記の座談会において、次のように述べている。

> **大野**　実業之日本社のやりかたと反対に、博文館は相変らず返品を取らんという主義であったから、だんだん落ちていったんですね。われわれとしても、余ったら返すという条件の取引なら安心して積極的な部数が扱えるし、小売店もそのつもりで仕入れることができるから、実業之日本社のものはどんどん伸びていく。いったい小売店の店頭販売というものは決して固定したものではない。その月の雑誌のできばえ、宣伝などによって相当な伸縮があるし、小売店によっては、花見時に好天気だったためあまり売れなかったというようなこともある。買切り制の場合は人情として、先月売り残した店はどうしてもだいじをとって部数を減らして申込んでくる。われわれの方でも小売店の申込に余る部数は発行所にも断ってしまうというわけで、だんだん消極的となり、部数も退却ですね。ところが博文館では、そういう店頭販売の伸縮性というものは考えない。今まで全国書店に直接に送っておった関係もあって、どうも"おしきせ販売"の観念がぬけないのですね。これが実業之日本社に抜かれた理由だと思います。講談社となると、これは実業之日本社に輪をかけた積極性をもって、どんどん宣伝して、販売面のわれわれがたじたじとなってしまうぐらいに追いまくられたものでした。

この大野の言葉には、博文館から実業之日本社、そして講談社へと日本の出

63

版社の勢力地図が変わっていく様子と、その要因が的確に分析されている。

1887年（明治20年）創業の博文館は、雑誌の特性をうまく生かし、さらに販売機構を整えることによって、急速に成長していったのだが、博文館が作った東京堂の会長となった大野孫平に批判されるような状態を続けることによって、弱体化していく。買切制に固執することで、部数が退却するという事態を招いたのだが、そのことによって、博文館は、やがて実業之日本社や講談社に取って代わられることになる。

特に講談社の台頭はめざましいものがあるが、その講談社は、2009年に創業100周年を迎えた。同社が大正末から昭和期にかけて台頭していく過程には、多くのドラマがあった。そこで、博文館が衰えていく要因の分析をもう少し行い、実業之日本社と講談社が台頭していく過程を詳しく見ていきたいが、そのことによって、日本の出版の構造がどのような特色を持っているかが、具体的に見えてくる。そのため、次節はこの問題についての分析を行っていくが、その作業は日本の出版構造の歴史的な考察の端緒となるであろう。

第8節　「王座」の変遷—100年史に見る興亡のドラマ

第8節
「王座」の変遷 —100年史に見る興亡のドラマ

■ 1　「『実業之日本』をごらんでしょうか」—ライバルも瞠目（どうもく）した自社雑誌への愛着

　買切制に固執した博文館に代わって台頭してきたのは、実業之日本社と講談社である。橋本求著『日本出版販売史』に収められた座談会によると、1920年（大正9年）頃、元講談社営業部長の堀江常吉は、講談社の創業者である野間清治の命で、実業之日本社に業務見習に出かけた。「見習というほど大げさではなかったのですが…何カ月か、週に二日ばかり通って、別に仕事はしなかったが、皆さんのお仕事ぶりをそばで学んだわけです」と、堀江は語っている。

　その頃、実業之日本社の増田義一社長は、代議士になっていたが、堀江によると、「増田さんは政治をやりながらも、決して雑誌の仕事は怠らなかった」という。「その熱意が社内にゆきわたって、社長が出社していようがいまいが、みんなもう夢中で仕事をしていました。ただ、伸びた雑誌の勢力をどのようにして維持していくかという悩みはあったように思います」と堀江は語っている。
　また、元至誠堂店員でのちに大東館取締役となる藤井誠治郎は、増田の仕事ぶりについて、こう語っている。

　　増田さんという人は、自分の雑誌を愛し、自信を持っていましたね。思いきった新聞広告などもしたが、地方に出かけるときはいつも鞄に雑誌を何冊か入れて、汽車で乗り合せた人に、『あなたは「実業之日本」をごらんでしょうか。私はここの社長ですが、ひとつ読んでみて下さい』といって進呈していたそうです。また、書店の前を通ると、用意の土産物を持って立ちより、挨拶をするのを忘れなかったといいますね。

65

第2章　「出版者」の誕生と冒険 ―近代出版が歩んだ道―

　また、元東京堂社長の大野孫平はこう語っている。

> 　『実業之日本』が伸びた所以は、実業雑誌とはいいながら、既成の業界人
> ばかりを対象としないで、むしろこれから中堅となっていく若い人達をねらって、修養を説き、処世を説き、品性の上に立つ成功を説いた。これが
> 当時の一般青年層にまでピッタリときたんだね。第二には、新渡戸稲造と
> いうような当代一流人物を専属執筆者にした着眼のよさがある。『婦人世
> 界』では村井玄斎の連載もので一躍部数を伸ばした。増田さんはそうした
> 寄稿家を実に大切にしたらしい。

　そして、藤井によると、増田は、寄稿家ばかりでなく、社員に対してもこまごました恩情をそそいだ例が『増田義一追懐録』などを見ると、いくつも出てくる。「利益分配制度などというものをあの当時（大正元年）社内に実施したり…」という。橋本求は、「増田さんで感心するのは、人のうわさ話というものを雑誌の魅力をつくる上の最大要素としながらも、悪口や中傷記事は載せないという主義に徹しておられた」と語っている。

■ 2　講談社の登場―実業之日本社路線をさらに推し進めて急速に発展

　このように、実業之日本社は、編集面でも工夫をし、発展していったが、この実業之日本社よりもさらに発展していったのは講談社である。

　同社の発展について、『日本出版販売史』の座談会では、こんな指摘が行われている。

> 　**大野**　野間さん（講談社初代社長）は気づいておられたかどうか知らないが、講談社はいちばんいい時に生まれてきたんだね。取次はいろいろな条件がそなわって、これから大いに発展しようとしている時だし……。

> 　**小林直太郎**（元東京堂店員）　講談社はほんとにいい時にぶつかったと、いつもいっているのですよ。講談社にあぶらがのりだしてきた時は、実業之日本社は伸びきっていくらか疲れかけていた。

第8節 「王座」の変遷──100年史に見る興亡のドラマ

尼子揆一（元北隆館取締役）私が北隆館に入った大正三年の九月ごろにおける講談社の出版物というと……。

鈴木徳太郎（元東京堂販売部長）雑誌じゃ『雄弁』と『講談倶楽部』でしょう。

大野　第三番目の『少年倶楽部』がその年の十月に出ている。ちょうどわれわれ取次にも力がつき始めた頃ですね。雑誌は定価販売（もっともしばらく一割くらいの割引はあったが）になってきたし、それがために全国に普及するようになってきた。そこへ野間さん一流の大宣伝だ。ほかの社では、あれまでの宣伝はやれなかった。書籍の出版は一つが当たったからといって、その次も当たるとはいえないが、雑誌は評判をとってある部数までゆけば、もうそんなにたやすくはつぶれないものだ。定価販売が実行されだしてからは、小売店も安定してくるし、われわれも出版社に貸し込んでも心配が少なくなった。それまでは、小売店と取次は前金です。ところが、前金はなかなか送ってこない。従ってこちらも雑誌を送らない。どうしても消極的にならざるを得なかった。定価販売になってからは書店への貸倒れも少なくなった。それで雑誌は数年の短い間にぐんぐんと発展した。そこへはまったのが野間さんです。野間さんは、われわれの尻をひっぱたくように、どしどし雑誌を増刷される。新年号なんか大々的に宣伝されると同時に、部数もうんと増刷されて、借りがどのくらいできようが、そんなことはおかまいなしに、金はどしどし持って行かれる。（笑）そんな例は前には一つもありませんでしたよ。

　こうして、講談社は、急速に発展し、やがて雑誌王国を築いていく。博文館に代わって実業之日本社、そして講談社の時代がやって来るのである。

■ 3　「口承」の雑誌コンテンツ化を考案──「雄弁会」「講談社」誕生のモチーフに

　講談社は、1909年（明治42年）に東京・団子坂の地で「大日本雄弁会」として誕生し、2009年に創業100周年を迎えた。これを記念して、2010年1月、『物語 講談社の100年』という社史を刊行したが、この社史によると、講談社と

図 2-10 講談社の創業者・野間清治と佐衛夫人（『物語 講談社の 100 年』より）

いう出版社は、初代社長の野間清治の講談好き、演説好きが創業のモチーフとなっていたことがわかる。写真は、野間清治と幼子を抱く佐衛夫人（図 2-10）。

そして野間は、本来、口承という形で語られる講談、演説を新しい技術によって文字化し、それを紙の媒体に印刷することによって、雑誌の発行に乗り出し、出版社を作る。その技術とは、田鎖綱紀（たくさりこうき）が実用化させた速記術であり、1882 年（明治 15 年）に実用化の第一歩を踏み出す。

それまでの日本では、語られた言葉を記憶力のよい人間が想い出しながら文字化することは行われていたが、忠実に文字化することはできなかった。
ところが、速記術では語られる言葉を記号によってスピーディーに記録し、その記号を文字に翻訳することによって口承言語を文字言語にすることができる。野間清治はこの技術を、採用することによって、口述で語られたコンテンツを文字によって表現し、雑誌という媒体を創出したのである。

野間は東京帝大の法科大学で書記をしていた頃、「緑会（法科大学の懇親会）弁論部」の発会演説会に速記者を連れて行き、演説を記録させた。1909 年（明治 42 年）11 月 14 日のことである。この日のことを『物語 講談社の 100 年』は、「講談社の創業者・野間清治にとって、これは画期的なことであった」と書

図 2-11　雑誌『雄辯』創刊号（『物語 講談社の 100 年』第 1 巻より）

いているが、この演説の速記が、新たな雑誌を誕生させる。
　その名前は『雄辯（雄弁）』（図 2-11）といったが、この雑誌の編集を行ったのが「大日本雄弁会」であった。

　この雑誌が誕生するまでには、いろいろな難関があった。次節以降、そのことを『物語 講談社の 100 年』によって明らかにしていくが、そのプロセスをたどってみると、講談社という出版社がどのようにして誕生し、発展していったかがわかる。そのドラマは、戦前も今も大出版社である講談社の興亡を語ると共に、日本的な出版の構造と歴史を語ることになる。

第2章　「出版者」の誕生と冒険―近代出版が歩んだ道―

第9節
日本的出版の原点を追って
―雑誌『雄弁』誕生物語①

■ 1　帝大書記・野間清治、雑誌発刊を思いつく

　講談社の創業者である野間清治は、まだ東京帝大の法科大学で書記をしていた頃、法科大学の懇親会である緑会の弁論部の発会演説会に速記士を連れて行き、演説を記録させた。その狙いは次のようなものであったと、野間は『私の半生』に書いている。

　　私は考えうるところがあって、この日の演説をすべて速記させておいた。やがてはこれを材料として、広く世の学生青年のために、演説の好模範を示す雑誌を起こしたいものである。日本に弁論の風を起こし、純正なる青年とともに、日本をどこまでも立派にしなければならないと、微力を揣らずして、遠大な目論見を立てたのであった。

　野間は、このように考えたが、帝大書記を続けながら、雑誌を発行できるだろうかという危惧があった。時間はやりくりできても、大学が二足のわらじを履くことを許してくれるだろうか。この時、野間は法科大学教授であった山田三良（戦後、日本学士院院長）に相談したと『物語　講談社の100年』第1巻には書かれ、辻平一著『人間野間清治』から、山田の談話を引用している。

　　『雄弁』という雑誌を書記の片手間で出して、大学で認められるか、ということを私に尋ねられた。学生たちがしばしば雄弁の会をやるが、その中には、有益な青年の意気をあげるような演説も少なくない。これを世間に紹介すれば、世の中の為にもなると思うから、この雄弁の会を生かしてゆきたい、ということであった。私は一にも二にもなく、賛成した。学生の

70

意見や思想を世の中に知らせることは、学生にとっても励みにもなるし、雄弁の奨励にもなる。やってよろしい、ということをいったら、非常に喜んで、「他の先生方にも、おとがめのないように先生から話していただきたい」ということであった。一般の人がそんなことをすれば公務のさまたげになるが、私は緑会弁論部を発展せしめ効果をあらしめるようにしたい、と思ってもいたし、緑会の世話をしている書記がやるということなので、賛成したわけだ。

　こうして、法科大学の穂積八束学長をはじめ、ほとんどの教授たちの賛同をとりつけた。写真は、法科大学書記時代の野間清治である（図2-12）。
　しかし、まだ難関が待ちうけていた。それは、発行資金の問題である。『物語 講談社の100年』によると、当時は、新聞紙法によって、時事問題を取り扱う新聞や雑誌を発行する者は、一定の保証金を当局に供託しなければならないが、その額は東京や大阪では2000円、発刊が月3回以下なら1000円（平成20年時の約127万円。「日銀統計」による）だった。
　しかし、野間は200円、300円のお金ですらままならない状態だったので『雄弁』発行に賛成する法科大学教授で、野間に好意を寄せ、金を持っていそうな教授に1000円を借りようとした。ところが、誰にも貸してもらえず、編集費、印刷費なども必要なので、新雑誌はどこかで発行してもらうことにした。

図2-12　東京帝大・法科大学書記時代の野間清治（『物語 講談社の100年』より）

第2章 「出版者」の誕生と冒険 ―近代出版が歩んだ道―

■ 2 創刊号は、縁ある人々に片端から原稿執筆を依頼

　しかし、20社ぐらいまわっても、どこからも相手にされなかった。それでも、編集作業は続けられた。雑誌の内容としては発会演説会の速記録だけでは不充分なので、野間が大学の帰りに、諸方面を訪ね、原稿を依頼した。

　その頃の野間の仕事ぶりについて、『物語 講談社の100年』には、『講談社の歩んだ五十年』明治編に収められた大沢一六（のち弁護士）の次のような談話を掲載している。ちなみに、大沢は野間と同郷で、法科大学の学生だったので、野間の仕事を手伝うことになったのである。

> いったい、つかまえた人は必ずこれを利用せずにおかなかったという点は野間さんの偉いところだ。私が野間さんにつかまったのは、あるとき歩いて帝大の正門を出ると、後から来て、とにかく雑誌をやるが埋草（うめくさ）を書いてくれ、あなたは同郷じゃないかといわれたのがいちばん最初です。僕は中学のころから雑誌部などやっていたので、埋草なんか書いてもしようがないと思っていたが、誰も印刷や編集のことがわかる人はいなかったので、ついに編集を引受けることになってしまった。片手間のつもりなのが本末転倒になったのだ。

　また『五十年』からは、法科の最上級生だった鶴見祐輔も強引に原稿執筆を押しつけられたことを語った談話も紹介されている。

> 私などちょうど試験前で忙しいのに書かされたんです。野間さんの頼みは熱烈なものですよ。どうしても負けてしまうんです。二号、三号のときも相当に働かされた。私はロンドン・タイムズの週刊新聞をとっておったので、それを訳するのを野間さんが傍で一生懸命書くんです。ですから、野間さんを速記者代わりに使ったのは僕だけだろうと思います。

　この他に私学の学生も動員され、早稲田の野村秀雄（のちに朝日新聞社社長、NHK会長）などは、創刊の頃から1914年、15年（大正3、4年）頃まで手伝ったという。野村を野間に紹介したのは、法科学生の大井静雄（のちに弁護士）である。また住み込みで創刊号の編集を手伝ったのは、井沢弘（のちに読売新聞論説委員、評論家）と法科学生・長谷川宗一の二人で、第2号からは長谷川に代

わって大沢一六が住み込みで手伝う。井沢は栃木県の真岡中学を退学させられ、野間の紹介で帝大法科に勤めていた。その井沢は『五十年』でこう語っている。

　野間さんは大学から帰ってくると、十二時ごろまで大井静雄君、大沢一六君、野村秀雄君などと集まって編集会議を開いていました。そのころ私は二十歳、仕事は編集助手みたいなもの。図書会社へ行くとか原稿集めとかの使い走り、ときには講演筆記などをしていました。出かける時は電車賃を十銭ぐらいその都度もらっていく。つまり、住み込みですから下宿代と食費はとらないかわり、無給というわけ。大沢君でも誰でもみな無給だった。

■ 3　野間の"雄弁"で、救世主あらわる

　編集の作業は、このようにして進められていったが、『雄弁』の発行元はなかなか見つからなかった。その難問が解決することになった。その瞬間を『物語 講談社の100年』は、こう書いている。

　もはや発行を頼めそうな訪問先は、名前さえ浮かんでこない。策も尽きかかるころ、野間はふと目についた自働電話（いまの公衆電話）に飛びこみ、電話帳をめくった。大日本雄弁会の「大日本」が社名につく会社はないか。眼を走らせているうちに、見つかったのが「大日本図書株式会社」だった。出版業界のことをほとんど知らない野間でも、前からときどきは聞いた名である。

　野間は銀座1丁目にあった大日本図書を訪ねた。応対に出た支配人の村田五郎は物腰の練れた人触りのいい中年の紳士に見えたが、野間は椅子に腰をおろすやいなや、その村田に向かって堰を切ったようにしゃべり始めた。その時のことを、野間は『私の半生』に書いている。

　私は、一言一句に満身の熱をこめて、計画を説明し、ひたすらに協力を懇願した。

　野間の言葉には、熱がこもっていた。後年、村田はその時の野間の印象を「熱誠ある達弁にも感動致しましたが、その容姿常ならずして、眼光鋭く、皺

図2-13 創業間もない大日本雄弁会の団子坂社屋。後列右が野間清治
(『物語 講談社の100年』より)

枯れ声なるにも、奇異の思いを致しました」(昭和10年 (1935年) 4月号『雄弁』) と述べているが、これを引用した『物語 講談社の100年』は「連日、寒風のなかの奔走、それに焦りも重なって、野間は喉を傷めていたようだ」と書いている。そして「村田の返答は、即座に引き受けるというものだったが、重役会の決議を経たうえで確答するということだった」と付け加えている。

そして当時、大日本図書と帝大文科大学とは、同社発刊の雑誌『帝国文学』を通じて深い関係があったので、野間は文科の上田万年教授に大日本図書へ電話で口添えしてもらうことを頼み、文科のもうひとりの教授・芳賀矢一には名刺をもらい、手紙を添えて大日本図書に送っておいた。もっとも村田の記憶では、初対面のときに野間が上田の紹介名刺を持って面会に来たというが、大日本図書としても、これまで縁のなかった法科とのつき合いを始めたいという願望があったと、『物語 講談社の100年』にはある。そして、同書によると、幾日かのち、村田から電話が入ったので、野間が大日本図書を訪れると、発行を引き受けるという嬉しい言葉が待っていた。この瞬間から野間の出版人としての人生が始まり、日本の出版史に大きな影響を与えるが、その詳細は次節で紹介する。写真は、創業間もないころの大日本雄弁会の様子 (図2-13)。

第10節　"素人仕事の熱情"が生んだ成功 —雑誌『雄弁』誕生物語②

第10節
"素人仕事の熱情"が生んだ成功
—雑誌『雄弁』誕生物語②

■ 1　『雄弁』は世の光 —野間清治、発刊の辞に万感の思いを託す

　大日本図書の村田五郎から『雄弁』の発行を引き受けると言われた野間清治は、『私の半生』に「村田さんのお話は、すべて天から響く声のように、心地よい言葉ばかりで、私の胸は、たちまち、これまでの冷たい暗い憂鬱から解放されてしまって、ステッキを振り回しながら、飛ぶような勢いで、わが家へ帰ってきた」と書いている。

　『私の半生』には、村田から返事があったのは、1910年（明治43年）1月上旬と書かれているが、村田は「『雄弁』創刊当時を顧みて」という文章（『雄弁』（1935年（昭和10年）4月号）で、こう書いている。

　　明くれば明治四十三年の元旦を迎え、定例により一月三日、社員一同会社に参集して新年を寿（ことほ）ぎましたが、そのとき販売係より『雄弁』の予約すでに三千部を超過せりとの吉報に接し、直ちに三千部の追加を命じ、幸先（さいさき）よしと歳暮到来のビール、蜜柑など持出して店頭において祝杯を挙げ、一同大いにメートルを上げたのであります。

　『物語 講談社の100年』は、「二月十一日の創刊まで準備に要する日数も逆算してみると、村田説のほうに、より信憑性があるというべきであろう」と書いている。

　こうした経緯を経て、野間と大日本図書は、編集を大日本雄弁会、発行は大日本図書で分担することになった。そのことについて『物語 講談社の100年』は、こう書いている。

75

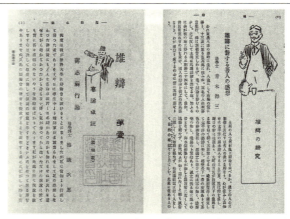

図 2-14 「高論卓説」欄の梅謙次郎の論稿(左)と「雄弁の研究」欄の青木得三(右)の記事
(『物語 講談社の100年』より)

詳しくいうと、大日本図書は保証金の供託も、印刷代も製本代も広告費も、発行に関わる営業上の一切を負担する。大日本雄弁会は原稿収集を含めて編集のみをやればよい。大日本図書から大日本雄弁会へ支払われる編集料は、雑誌1000部発行で30円の割合とする、つまり五千部なら百五十円、一万部なら三百円が支払われるわけです。

こうして、創刊号の編集作業が始まった。印刷の過程では、印刷所から文字の大きさをどうするかといった問い合わせがあったりして、野間が雑誌作りに関して素人であることを露呈したが、雑誌はできあがった。『物語 講談社の100年』によると、創刊号の巻頭には、次のような「発刊の辞」が掲げられた。

> 雄弁衰えて正義衰う。雄弁は、世の光りである。雄弁に導かれざる社会の世論は必ず腐れておる。雄弁を崇拝する事を知らぬ国民は必ず為すなきの民である。文化燦然たる社会には常に雄弁を要する。又雄弁を尊ぶ気風がなくてはならぬ。

『雄弁』の本文は「高論卓説」「雄弁の研究」「参考資料」「縦横論議」などに分類され、「高論卓説」には法科大学教授の梅謙次郎、松波仁一郎、仁井田益太郎らの名前が並んでいた(図2-14)。

第10節 "素人仕事の熱情" が生んだ成功 —雑誌『雄弁』誕生物語②

■ 2 "三号雑誌" で終わらなかった『雄弁』の大人気

『雄弁』の創刊号は、1910年（明治43年）2月11日、紀元節の日に発売された。本文は202ページで、定価は20銭であった。発行部数は、3000部という当初の予定の部数を倍増し6000部であった。

その部数が発売の日に売り切れたと『私の半生』にあるが、それ以後の状況について、『物語 講談社の100年』は、こう書いている。

> ただちに二刷三〇〇〇部を増刷したが、それさえ二、三日のうちになくなってしまった。思いきって、三刷五〇〇〇部を刷りましたが、これまた、一、二週間のうちに売れてしまう。こうして、創刊号は都合一万四〇〇〇部発売された。その当時、総合雑誌は三〇〇〇部でまず成功といわれ、一万部以上も出る雑誌はまさしく驚異の的であった。

そのため、「創刊号の発行を引き受けてくれた銀座の大日本図書には、各方面から贈られた酒樽が積みあげられ、店先で杯をあげては『万歳！』『万歳！』という騒ぎになった。ほうぼうから、たくさんの贈り物やお祝いの手紙も寄せられた」という。

編集を受けもった大日本雄弁会でも、大日本図書と同じように、毎日が祝勝会のような光景が見られ、団子坂にあった野間の家には「千部について三十円の割合で、四百二十円というものが洪水のように入ってきた。それも手の切れるような札束」（『私の半生』）だった。

当時の野間は帝大書記として月給を65円もらっていたが、420円といえば、その7倍近くで、人の顔さえ見れば、ビールだ、料理だと、毎日が宴会のような日が続いた。上野の常盤華壇では『雄弁』創刊の祝宴が開かれ、野間はどうして立っているかわからぬ程、酔いつぶれた。

当時、『雄弁』の成功を予測できなかった批評家もいた。『時事新報』の週刊付録「文芸週報」に新刊批評を書いていた安倍季雄は次のように語っていたという。

77

第 2 章 「出版者」の誕生と冒険 ―近代出版が歩んだ道―

（創刊号を寄贈された時）私は思った。雄弁というものは、口で語るべきものであつて、文字にしては迫力がなくなる。口で語る雄弁を活字にするという着想はよいが、恐らくこれは三号雑誌で終わるであろうと。そこで思ったままを新聞の新刊批評に書いたものであった。然るに私の批評は見事に外れ、偉い勢いで愛読され始めたのには一驚せざるを得なかった。
（中村孝也著『野間清治伝』）

このように、失敗するのではないかと危惧された『雄弁』は 2 号、3 号、4 号と順調に発行され、野間のもとには編集料として毎月 300 円から 350 円が入ってきた。そのうえ、帝大書記の月給もあるので、野間は急に成金になったような気分にさせられた。

■3　野間の生活に直結した編集室 ―テーブルも即席の"演壇"に

しかし、野間の編集は素人仕事だった。

2 号は創刊号よりページを増やしたが、発行元の大日本図書からは「それは困る。なんとか減らしてくれ」と言われる始末であった。

野間は八方手を尽くして原稿を集め、発行元が喜ぶと思ったのだが、意外な返事であった。その 2 号について、『物語 講談社の 100 年』は、こう書いている。

ページが増えれば、コストがかさみ、それだけ発行元の取り分が減るという初歩的な理屈さえ、当時の野間には思いおよばなかったのである。それでも交渉の結果、本文は六〇ページ以上も増ページとなり、そのぶん、素人仕事の熱情がこもる号となった。

いま一つ、二号が創刊号と様変わりした点は、執筆者の顔触れである。じつは、創刊号の執筆者がおもに帝大の教授や学生だったことが、私大生の反発を買ったのだ。そのために、野間自身、私大を訪ねて誤解を解いてまわり、誌面でも帝大の執筆者を減らして、私学・専門学校・中学にも関係を広げるなど特別の注意を払っている。

私学の教授たちに演説原稿を依頼したのは、野間を手伝っていた野村秀雄であったが、彼は早稲田の田中穂積博士や慶應の鎌田栄吉塾長らの原稿をとって

きた。

　当時は、『雄弁』の編集室は野間家の中にあったが、その頃の日常生活について、井沢弘が語っている。

> 　野間さんは大学へ、夫人は築地の小学校へ紫の袴を穿いて通い、昼間は二人ともいない。長男の恒さんは子守に預けてあるし、あとは婆やと私だけ、電話もありませんし、ずいぶん簡単な出版社でした。電話が通じたのは、明治四十三年八月から。夫人は、使用人を叱るべき時には、ちゃんと叱り、睨まれると本当にヒヤッとしました。何事にも驚かないらしく、落ち着いた、しっかり者で、それに体が大きく実にきれいでした。
>
> 　　　　　　　　　　　（出典：『講談社の歩んだ五十年　明治・大正編』）

　もう一人住み込みで働いていた大沢一六が、電話が通じてからの編集室について語っている。

> 　階下の二間に連中が集まる。電話はその間の壁のところについており、床には内藤鳴雪の句の掛軸がある。別に編集の机なんかない、ただテーブル一つあるだけ。それが演説をやらせる演壇になる。誰でも、やって来た者は、籤を引いて当たった演題で、即席で演説をさせられたものだった。
>
> 　　　　　　　　　　　　　　　　　　　　　　　　　　　　（同前）

　このようにして編集された『雄弁』が大逆事件のため、雑誌の販売を阻害されるということもあった。天皇暗殺を企てたとして、1911年（明治44年）1月、幸徳秋水、菅野すがを含む12名が死刑に処せられたこの事件が起きると、『雄弁』も危険思想を鼓吹する雑誌として当局からにらまれ、地方読者が購買を中止するということもあった。しかし、『雄弁』はその危機も克服し、創刊1周年を迎え、大日本雄弁会最初の単行本『明治雄弁集』前編を昭文堂を発行元として刊行する。そして、野間は、この本の編集にあたった一人から、新たな雑誌の企画を持ち込まれる。

第 2 章　「出版者」の誕生と冒険 ―近代出版が歩んだ道―

第 11 節
本格的な大衆娯楽雑誌の時代へ

■ 1　演説だけでなく、講談・落語・浪曲も「速記術」で雑誌に

　演説を速記術によって記録した原稿によって創刊し、雑誌に新しいジャンルを拓いた野間清治に、再び新しい雑誌の企画が持ち込まれた。それは、『講談倶楽部』という雑誌である。実は、この雑誌も、『雄弁』と同じく速記術を使った雑誌であった。

　とは言っても、『雄弁』のように、演説を速記した雑誌ではなく、寄席で上演される講談や落語、浪曲などを速記した原稿を掲載する雑誌であった。

　『物語 講談社の 100 年』によると、その企画を野間に提案したのは、望月茂（紫峰）と伊藤源宗である。

　二人は国民新聞社の校正部で働いていたが、大日本雄弁会にも出入りするようになり、望月は 1911 年（明治 44 年）に大日本雄弁会が初めて発行した単行本『明治雄弁集』の編集にあたり、その紹介で伊藤は『雄弁』の編集を手伝っていた。二人が新雑誌を企画した経緯について『物語 講談社の 100 年』は、こう書いている。

　　新聞ではどんな欄がよく読まれているのか。二人が通勤などの車中で観察してみたところ、「岩見重太郎」とか「笹野権三」といった講談や、渡辺黙禅の書いた講談のような読み物が熱心に読まれている。当時ほぼ全紙が連載していたのは、今日のように小説ではなくて、講談の速記だった。また、博文館発行の雑誌『文芸倶楽部』は、年に二回から四回、講談や落語を主とした増刊を出していたが、これもよく読まれているようだ。そこで望月と伊藤は、講談速記を中心とした新雑誌を思いついたのだった。

80

第 11 節　本格的な大衆娯楽雑誌の時代へ

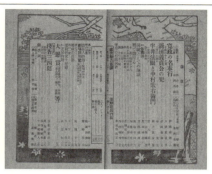

図 2-15　『講談倶楽部』創刊号の表紙（左）とその目次（右）（『物語 講談社の 100 年』より）

　『物語 講談社の 100 年』によると、大衆娯楽雑誌の最初のものは、明治 10 年代に発行された諷刺雑誌『團團珍聞』や戯作文学を特色とした『東京新誌』などで、明治中期には『講談雑誌』や『講談倶楽部』という雑誌も発行されている。写真は『講談倶楽部』の表紙とその目次（図 2-15）。

　このうち、『講談倶楽部』と『講談雑誌』は、今村次郎という人物が編集したが、彼は後に野間清治に難題を持ちかける。また雑誌の他にも、1911 年（明治 44 年）に大阪の立川文明堂が子供向け講談風読み物として「立川文庫」を刊行し始めており、『一休禅師』『猿飛佐助』『霧隠才蔵』など 196 冊を 10 年にわたって刊行し、大衆的読み物として多数の読者の人気を得た。

　こうした状況に刺激され、野間は望月と伊藤から『講談倶楽部』の話を持ちかけられると、「それは面白い」と二つ返事で引き受けた。その頃、野間は、自分で「幸運の上げ潮に乗っていた」（『私の半生』）という自覚があり、大学の勤めと『雄弁』の発行以外にも、さらに新しい仕事がしたいと思っていた。

■ 2　次男の急逝、悲劇をもエネルギーに変えて ─新雑誌『講談倶楽部』創刊へ

　そのうえ、野間は演説とともに講談をこよなく愛好し、人前で実演を披露するほどであった。さらに 1911 年（明治 44 年）5 月から文部省が学校教育とは別に大人たちを対象とした社会教化・思想善導のための通俗教育、すなわち今日でいう社会教育あるいは生涯学習を行うことになった。

第2章 「出版者」の誕生と冒険 ―近代出版が歩んだ道―

> 野間は、講談こそ通俗教育のうってつけの教材なのではないかと考えた。
> 侠客・仇討ち・武勇伝・出世物語・有名な合戦や城攻め、石川五右衛門・鼠小
> 僧等々の講談を読み物にしたら、人々に感銘を与え、勧善懲悪に役立ち、
> 日本精神を涵養する。講談のみならず、落語・義太夫・浪花節・芝居なども
> 活字にすれば、民衆教化に大いに役立つのではあるまいか。
>
> （『物語 講談社の100年』）

　そして、「これらの材料は、ことごとくみなおもしろくわかりやすく、感激
的なものばかりである。これを読むことによって、一般大衆は、精神的の慰安
を得、修養もでき、読書力も文章力も常識も、その他いろいろのものを養うこ
とができる」（『私の半生』）と考えた野間は、新雑誌の発行を決意した。

　創刊準備には、望月が月15円の給料で専任となり、伊藤は『国民新聞』に
在籍したまま側面協力することになった。これはそのころの野間には二人を専
任として生活を保障するだけの余裕がなかったからだと、『物語 講談社の100
年』にはある。
　こうして、野間は新雑誌を創刊することになるが、この雑誌を創刊すると
き、野間は悲しい出来事にあっている。それは、1910年（明治43年）11月に
生まれた次男の康清が、1歳にも満たない初秋、亡くなったことである。野間
夫妻は、悲痛のきわみの中で、雑誌創刊の準備を進め、『講談倶楽部』を康清
と思って育てることにした。このとき、野間は、もう1つ大きな決意をする。
　そのことを、『物語 講談社の100年』は、こう書いている。

> 『講談倶楽部』の創刊準備が進むなか、野間の肚の内には「今度はひとつ、
> 編集ばかりでなく、経営まで一切を自前でやろう」という野望が膨らんで
> きた。おそらく大成功への予感がこの稀代の楽天家を駆りたてていたのだ
> ろうと思われる。加えて、亡き息子への痛切な思い入れが拍車をかけても
> いたのではあるまいか。

　そこで、野間はそのことを大日本図書株式会社に了解を求めるため、支配人
の村田五郎に会った。

■3　二誌を自前で経営するにあたり、新たに「講談社」を設立

　ところが、村田は野間から計画を聞くと、反対意見を述べた。その反対意見を、野間は『私の半生』に書いている。それによると、村田は野間に対し、「あなたは大学の書記をして、『雄弁』の編集者として、2つの仕事をしており、手いっぱいである」といった。そして、次のように続けた。

　　あなたは通俗雑誌に御経験がない。もしあなたが『雄弁』の編集者として、ある程度成功したというので、『講談倶楽部』のような通俗雑誌もうまくやれる、その経営までうまくやれると、お考えになったら、それは大まちがいです。雑誌発行は難事業です。難事業中の難事業です。『雄弁』がかなりにやってゆけるのは、帝大その他権威ある諸学校の背景があるからです。その信用もあるからです。

　そして、さらに村田は「今、あなたは『雄弁』よりはるかに困難な雑誌を、しかも個人で始めようとおっしゃる、いったいどこに成功する見こみがあるとお思いですか」と、きつい意見を述べた。しかし、野間は一応は再考を約束したものの、初志を翻すことはしなかった。

　数日後、村田は野間に思いもよらぬ提案をした。『雄弁』の権利一切を野間に無条件で譲るというのである。これは、大日本図書が『雄弁』を発行しても帝大法科大学との接触もうまくいかなかったという事情もあったからだが、以後、野間が単独で『雄弁』を発行することになった。

　しかし、『雄弁』の保証金1000円を大日本図書が払っていたのを大日本雄弁会が払わなければならず、さらに『講談倶楽部』の印刷所探しをしたり、原稿料の工面にも苦労した。そのうえ、『講談倶楽部』という誌名を『快談倶楽部』にしたいという野間と、『講談倶楽部』に固執する望月と意見が対立し、あわや二人がケンカ別れしそうになったこともある。野間の主張は、『講談倶楽部』には講談だけでなく、落語や浪曲なども掲載されるから、講談という一語だけをかぶせるのはまずいだろうというのである。しかし、誌名については、野間が折れ、『講談倶楽部』となった。そして、『講談倶楽部』は、大日本雄弁会で

第2章 「出版者」の誕生と冒険 ―近代出版が歩んだ道―

なく、「講談社」という別組織で発行することとし、1911年（明治44年）11月3日の「天長節（明治天皇の誕生日）」に創刊された。

　創刊号、2号、3号と毎日毎日返品が続き、雑誌の重みで床が抜けてしまった。そのため、借金がかさみ、野間たちは金策に走りまわらなければならなかった。『物語 講談社の100年』によると、『講談倶楽部』創刊後9か月目か10か月目の1912年（明治45年）夏には借金累計が1万円以上になり、金利だけで月々800円から1000円にのぼった。

　さらに『講談倶楽部』の発案者の一人である伊藤源宗と発案の謝礼でもめたり、野間がアキレス腱を切って、あまり外に出られなくなった。しかし、そのため、野間は物事を十分に熟慮して行動するようになった。そして野間は、帝大書記を辞め、雑誌出版業に専念するようになった。『講談倶楽部』も、大正に入って徐々に売れるようになり、ひと月分の利益が『雄弁』で100円位、『講談倶楽部』100円位、勘定できるようになった。

　ところが、野間を2つの難関が襲う。1つは、『講談世界』というライバル誌の登場で、もう1つは「講談師問題」である。このうち、ライバル誌の問題は、『講談倶楽部』が部数の点で『講談世界』を上まわり、競争によって、かえって『講談倶楽部』を発展させる。

　しかし、「講談師問題」は、ライバル誌の登場よりも深刻な課題を野間に与えた。その難題を克服したとき、野間は真に出版人として大成し、講談社文化を築き、日本的な出版のビジネスモデルを作り出していく。

84

第12節
「新講談」―新しい時代の娯楽への序章

■ 1　講談師たちの"反乱"―野間清治を突如襲った予想外の難問

　『講談世界』の登場で難関に立たされた『講談倶楽部』は、その競争に勝ち、大正2年頃、同誌は約1万部刷って9000部くらい売れ、『雄弁』は5000から7000部売れていた。そして、同じ時期、「天下一品」という『講談倶楽部』の春期増刊号が1万2000部刷って1万部売れた。これに勢いを得て、6月には臨時増刊号「浪花節十八番」を出し、この増刊号は取次店から追加注文があいつぐほどの売行きを見せた（図2-16）。

　野間清治も帝大書記を辞して出版業に専念するようになり、編集部の勢いも次第に揚がりつつあった。

　このような発展ぶりを伝えた『物語　講談社の100年』第1巻に、こんな記述が見られる。

図2-16　『講談倶楽部』大正2年春期増刊号「天下一品」（左）と臨時増刊号「浪花節十八番」（右）（『物語　講談社の100年』より）

85

だが、まさにそんな時、またまた重大事件が勃発した。野間自身も「真に一同を震駭せしめた恐ろしき大事件であった」と記しているように、対応を誤ると社の死命をも制しかねない。

発端は六月下旬、速記者の今村次郎からの申し入れだった。どうやら前記の臨時増刊号「浪花節十八番」が講談師たちを強く刺激したようである。講談や落語は、実演の速記録が雑誌原稿となるが、当時、速記原稿を作成する速記者として事務所も構え最も有力だったのが今村だった。「講談世界」の講談・落語はほぼすべてを独占的に提供しており、「講談倶楽部」でも彼を経由する原稿が少なくなかった。したがって、今村と講談師との絆は強く、「講談世界」は今村の掌中にあったとみられる。

その今村から、次のような申し入れがあった。

一、『講談倶楽部』に浪花節を掲載せぬこと。
二、『講談倶楽部』の講談・落語の速記は、今村が独占的に供給するものとすること。

この申し入れに対して、野間は「謙遜な態度、ていねいな言葉をもって、これに応じがたい旨を答えた」（『私の半生』）が、今村から講談・落語独占供給の対価として月数百円を支払ってもらいたいという要求も付加されていたことに対しても拒絶した。

拒絶後、『講談世界』誌上には、講談社への誹謗記事が出始め、間もなく、今村はいちだんと強硬な追い打ちをかけてきた。すなわち、もしも前記要求を受け容れないならば、講談師全部が反講談社連盟を結成し、『講談倶楽部』に講談を寄稿することを拒絶するかもしれぬというのである。さらに曰く、

> こういう要求をする理由は、講談師一同が、浪花節語りのような者どもと名前を並べるのを、潔しとしないからである。「講談世界」には浪花節はない。『講談倶楽部』には浪花節が載っている。その他のものも載っている。少なくとも浪花節を、『講談倶楽部』の中から除去せざる限り、講談師は『講談倶楽部』のために絶対に講談を語らない、と頑強にいい張っている。それでも、まだあなたは断然拒絶されるかどうか。（同前）（『物語講談社の100年』）

■ 2 「局外者によって編集方針は指揮命令されず」の覚悟を示す

今村が、野間に対して、このような要求を申し入れたのには理由がある。それは、「当時、講談師と浪花節家の反目が高まっていたからである」（『物語 講談社の100年』）が、その経緯について、こう書いている。

> 明治末年、浪花節の桃中軒雲衛門が東京に進出して歌舞伎座で大入りをとったのを転機に、関東では東家楽遊・本村重友ら、関西では吉田奈良丸らが大活躍し、大正初期は浪花節全盛時代となった。そこへもって、「講談倶楽部」ときたら、創刊以来、浪花節を毎月二編ほど掲載しつづけ、先般は浪花節満載の臨時増刊号も出し、その発刊記念に浪花節大会まで開催した。そんな時流に、落ち目となった講談師は浪花節家に対し反感をもって「たかがデロレン祭文（大道芸あるいは門付け芸の一種）ではないか」などと蔑み、同席することさえ嫌悪する情勢にあったのである。

そこで、野間は再度の要求にどう対処したのか。社内協議を重ねて、次のような最終回答に踏み切った。

> 我々は諸君の講談を切望するものであるが、他の一切の材料を除外して、それのみを用いることはできない。講談以外、多種多様のものを入れたいので、それらの材料の使用についての決定権は、ことごとく我々の手になければならない（中略）。我々は局外者によって、我々の編集方針を指揮命令されるが如きは、断じて甘受することはできない。

今村はこれに対し、講談師仲間の態度が非常に強硬なのでと、野間に迫ったが、野間は同意しなかった。

『物語 講談社の100年』によると、以上の経緯は『私の半生』など、野間サイドの資料で書かれたものだが、実は今村サイドの主張は、これと異なる。彼が1913年（大正2年）9月に出た『講談世界』に書いた「『講談倶楽部』の妄を弁ず」によると、事の発端はかつて『講談倶楽部』へ掲載した一度読み切りの講談・落語の目録が『文芸月報』という広告誌に出たことだった。これを知った講談師たちが、講談社は原稿を東洋文芸社（『文芸月報』の発行元と推定

図 2-17 『講談倶楽部』大正 2 年 9 月号・10 月号の講談社のアピール記事
（『物語 講談社の 100 年』より）

される）へ転売したのではないかと推測したのである。こういう不正を見のがすわけにはいかないというので、その真相を確かめることになった（図 2-17）。

　ところが、その疑惑を晴らす努力をせず、野間は講談原稿を講談師たちにせかすばかりであった。そのため、講談師たちは、転売疑惑が晴れないかぎり『講談倶楽部』への寄稿を拒絶するという者が続出した。そこで、今村が仲裁者として妥協案を提示したという。

■3　「講談師問題」という禍を転じ、発展への福となす

　これを契機に、両者が宣伝合戦を繰り返すことになったが「この騒動の真相は、もうひとつ経緯が不明である」と『講談社の歩んだ五十年 明治・大正編』は書き、さらにこう指摘している。「それはさておき、交渉過程の論争で野間が知り得たことは少なくないと思われる。とくに著作権については認識を深め、今後、けっして疎かにはできない重大事であることを痛感したにちがいない」。

　そして、『講談社の歩んだ五十年 明治・大正編』によると、この交渉は決裂に至り、解決はしなかったが、そのことが「その後の講談社発展への転機」になったという。このことについて『講談社の歩んだ五十年 明治・大正編』で、

第 12 節　「新講談」─新しい時代の娯楽への序章

『講談倶楽部』にも寄稿したことのある作家の大川白雨がこう語っている。

　　逆説的にいうなら、もしも『講談倶楽部』対講談師の問題が突発せず、その
　　まま講談速記ものを中心に『講談倶楽部』が編集されていたら、同誌の驚異
　　的なその後の大発展をもたらしえたかどうか疑問であったかもしれない。

　講談速記がほぼ全面的に入手不可能になった『講談倶楽部』は、妙手を考え
る。それは、野間が淵田忠良と相談して案出した「新講談」である。野間は
『私の半生』にそのことを書いている。

　　我々は、これら在来の講談の代わりに、文学に堪能な小説家や伝記作家
　　が、講談の様式と題材を具合よく採り入れて、講談と同様な興味あるおも
　　しろい物語を書き得ないはずはないと思いついた。蘊蓄ある歴史家や、文
　　芸家で、講談師の語り得る種類の物語を、それ以上におもしろく書き得る
　　人はたくさんあるはずである。

　こう考えた野間は、はじめのうちは、名をなしていない文士や新聞記者で、
筆も早く器用に話をまとめることのできる書き手に依頼することにした。それ
に応じてくれたのが『都新聞』の編集室で、執筆してくれたのは、中里介山、
山野芋作（のちの長谷川伸）ら数名であった。

　こうして『講談倶楽部』は 1913 年（大正 2 年）9 月号から、旧講談速記が一
掃されて、新講談が掲載されるようになった。9 月号には、錦旗楼主人の「勤
王芸者」、大河内翠山（のちの東大総長・大河内一男の父）の「吉田御殿」、夢想
兵衛（大川白雨）の「塩原太助」などの作品を載せ、講談師の抗議に対する社
の方針も打ち出した。新講談の反響は良く、新編集の内容は大歓迎だった。こ
の新講談は、『講談倶楽部』の発展に寄与し、新しい文学のジャンルを拓くこ
とになった。

89

第 2 章 「出版者」の誕生と冒険 ─近代出版が歩んだ道─

第 13 節
"出版の雄"の 100 年の歩みから見えるもの

■ 1 新講談から大衆文学へ ─『講談倶楽部』が拓いた新しい文芸ジャンル

　今村次郎からの申し出によって、新講談、新落語を掲載するようになった『講談倶楽部』について「新編集の内容は大歓迎を博し、読書界の人気は翕然<ruby>きゅうぜん</ruby>として『講談倶楽部』に集まった」と、中村孝也著『野間清治伝』にある。

> 「初版は忽ち売切れ、再版・三版も続いて売切れ、四版も売切れ、多色刷りの表紙は殺到する注文に応じ切れず、赤版・黒版の二色刷りのものにて間に合わせ、五版に至ってはそれも間に合わず、白表紙に題号のみを印刷して出したという珍現象を演じ、雑誌界に空前の新記録を作ったのであった」（同、傍点は、原文まま。「刷」のことか）。

　10 月号も然り、11 月号はさらに部数の躍進があった。ライバル誌の『講談世界』は 9000 から 1 万 1000 部であったが、『講談倶楽部』は 1 万 7000 部から 1 万 9000 部まで伸びた。そして、『物語 講談社の 100 年』によると、「このころから、金運は野間に傾きはじめた。思いもかけず、相次いで、ありがたい話が先方から舞いこんでくるようになる」のである。写真は、大好評の、『講談倶楽部』の表紙である（図 2-18）。

　その 1 つは、野間が借りている家を含めて隣接する建物の所有権と土地の借地権を譲渡したいという申し出が家主からあったことである。そして、頭金 1000 円をなんとか支払った時、知人の口利きで、2800 円の融資をしてくれる銀行が現れ、借地となった敷地に 2 階建て木造西洋館を増築することになった。

90

第 13 節　"出版の雄"の 100 年の歩みから見えるもの

図 2-18　大躍進『講談倶楽部』大正 6 年 10 月号の表紙と文字だけの増刷
（『物語 講談社の 100 年』より）

　さらに 1914 年（大正 3 年）2 月、取次会社の東京堂の仕入部主任・山添平作から単行本の掛け率をゆるやかにしてくれという交渉があったのがきっかけで、東京堂代表社員の大野孫平から 5000 円の融資を受け、累積借金を返済できることになった。

　こうして、力をつけた野間清治の発行する『講談倶楽部』は、1914 年（大正 3 年）夏には、2 万部から 2 万 1000 部、やがて 3 万部も突破した。この年の秋期増刊号「裸百貫」誌上では後の吉川英治が（本名は英次）が特別懸賞に応募して新講談「江の島物語」が第一等を受賞し、吉川雉子郎のペンネームで初登場した。

　この吉川英治が、後に講談社の雑誌でも有力な執筆者になっていくのだが、それは文学における新しいジャンルが開拓されてからのことである。その新しいジャンルとは、大衆文学のことである。この大衆文学は、従来の私小説を中心とした純文学と対照的に大衆が楽しめるストーリーを中心とした小説で、それは『講談倶楽部』が拓いた新講談、新落語が発展したものだと言われる。

　新講談、新落語は寄席で上演されたものを速記によって文字化したのではなく、寄席で上演せず、最初から書き言葉で表現された。そのため、寄席で上演された講談や落語に比べて情景描写や心理描写が細かく、それを発展させると、小説になるのである。

■2　一家全員が楽しめる万人向けの"デパート雑誌"をめざす

　そのようにして生まれた大衆文学を、講談社は、『講談倶楽部』にも掲載するが、さらに新雑誌の創刊によって大きな舞台を作り、そこに大衆文学を掲載する。その雑誌が創刊されたのは、1925年（大正14年）1月のことだが、それまでに、野間清治は『雄弁』や『講談倶楽部』に加えて新しい雑誌を創刊した。

　それは1914年（大正3年）11月に創刊された『少年倶楽部』であり、大正5年9月創刊の『面白倶楽部』（後に『富士』）、大正9年9月創刊の『現代』と『婦人くらぶ』（後に『婦人倶楽部』）、大正12年1月創刊の『少女倶楽部』などである。写真は、創刊された『少年倶楽部』と『面白倶楽部』の表紙である（図 2-19）。

　これらの雑誌を次々と創刊した野間清治は、さらに大きな雑誌の創刊を考える。それが1925年（大正14年）1月創刊の『キング』であるが、実はこの雑誌は大正13年1月創刊の予定であった。

　1923年（大正12年）9月1日の昼直前、関東地方をマグニチュード7.9の大地震が襲い、その予定は急遽変更された。その代わりに、野間は新雑誌の編集

図 2-19　『少年倶楽部』創刊号の表紙（左）と『面白倶楽部』創刊号の表紙（右）
（『物語 講談社の100年』より）

第13節 "出版の雄"の100年の歩みから見えるもの

部員を中心にして緊急出版を行う。9月1日の大地震は関東大震災と呼ばれたが、野間はこの大震災を報じるため、1923年（大正12年）10月1日に『大正大震災大火災』を緊急出版した。この本は、菊判300頁・定価1円50銭であったが、発行元は大日本雄弁会講談社となっていた。

『講談倶楽部』以後に創刊された雑誌は「講談社発行」となっていたが、これ以後、「大日本雄弁会講談社」という名前が使われる。この社名で『キング』（図2-20）も創刊されることになったのだが、この雑誌は内容・部数ともに破天荒な雑誌であった。なにしろ、内容は大人から子供まで一家をあげて読める雑誌であり、部数も当時発行されていた雑誌では、最も多い雑誌となった。

そのような雑誌を野間は、いつ頃、構想したのだろうか。これについて『物語 講談社の100年』第2巻に、こう書かれている。

> 推測だが、野間清治の胸中に『キング』の原型が胚胎したのは大正五年（一九一六）、『面白倶楽部』を創刊したときではなかっただろうか。広告宣伝を主眼とした同誌だったが、本文は小説を主とした娯楽的・慰安的読み物の間に、美談・逸話・科学ものなどの小記事を配する構成で、一家の誰もが楽しめる万人向きの雑誌を目指していた。

図2-20 『キング』創刊号の表紙、和田英作 画「のぼる朝日」とその新聞広告
（『物語 講談社の100年』より）

93

第2章　「出版者」の誕生と冒険 —近代出版が歩んだ道—

　次いで、大正九年（一九二〇）にも同様の試みが「現代」でなされている。やはり小説の合間に各種各様の記事を盛りこんだ、万人向きの"デパート雑誌"を目論んだ。

　両誌とも途中から当初の目標とは異なる路線を進み始め、野間の夢は実現されなかったが、夢は果てず、むしろ膨らみ熟していった。

　のちに編集に参画することになる橋本求は、田舎で療養生活を終えて上京し、音羽の社長邸を訪ねると、野間は新雑誌の構想を話した。
　「もっともっと一般向きの雑誌で、ややハイカラで、定価も安く、大部数の出るもの。名前も"キング"とか"クイーン"とかいうようなことにして紳士淑女にも読まれるようなもの」（『講談社の歩んだ五十年 明治・大正編』）

■3　「日本一面白くてためになる」の合言葉を原点に

　野間の構想は実現し、『キング』大正14年新年創刊号は1924年（大正13年）12月5日に発売された。表紙は洋画の大家・和田英作が描いた朝日を背景にした美女の絵であった。目次には「日本一面白い！　日本一為になる！　日本一の大部数！」というキャッチフレーズが印刷されていたが、総ページ数454ページ、4大付録が付いて、定価50銭であった。

　初刷部数は50万部であったが、それまで雑誌で最高部数と言われていた『婦女界』の40万部を上回る部数であった。これだけの部数を売るためには、大宣伝を行った。新聞の全面広告はもとよりポスター、チラシ、さらにはチンドン屋まで動員された。

　その結果、創刊号はすぐに売り切れて増刷し、発行部数は62万部、売り上げは58万部（『クロニック講談社の90年』）となったが、野間の『私の半生』では発行部数74万部、返品は約2％となっている。この数字は、中村孝也著『野間清治伝』、辻平一著『人間野間清治』でも使われている。

94

第 13 節　"出版の雄" の 100 年の歩みから見えるもの

　そして、1927 年（昭和 2 年）新年号は 120 万部、同年 11 月号は本文 828 ペー
ジの『明治大帝』という付録を付けて、定価 1 円で 140 万部を売り尽くした。
このように、100 万部以上の部数を発行するようになった『キング』は、社長
夫妻や長男の恒を筆頭とする編集の審査員たちが 90 点以上と認めた原稿しか
採用されず、毎号の編集には 6 か月をかけたという。

　創刊号の柱となったのは、村上浪六「人間味」、下村悦夫「悲願千人斬」を
はじめ、9 編の小説であったが、その中には吉川英次（本名）が吉川英治とい
う筆名で執筆した「剣難女難」も掲載されていた。これらの小説は、大衆文学
に属する作品であった。前述したように、大衆文学を作り出すうえで寄与した
のは、『講談倶楽部』が苦肉の策として考え出した新講談・新落語であったが、
『キング』はその成果を生かしたと言ってよい。

　『キング』の創刊以後、大日本雄弁会講談社という社名は普及していき、や
がてその大日本雄弁会講談社は「九大雑誌」を発行するようになり、総部数が
多いため、同社は "私設文部省" と呼ばれる。そして、日本の出版界をリード
する出版社となり、1934 年（昭和 9 年）には、音羽の杜に地上 6 階、地下 2 階
の新社屋を建設し、社屋は「雑誌王国」と呼ばれた。

　団子坂の旧社屋に比べると、格段の差があるが、音羽には 1922 年（大正 10
年）に社長邸が移っていた。音羽は、地盤がしっかりしているため、関東大震
災の時も大きな被害にあわずにすんだ。神田にあった出版社が大きな被害をこ
うむったのに比べ、講談社は幸運に恵まれた。そのことが、出版界における講
談社の地位を高めることになった。それと共に野間清治は、「雑誌王」と呼ば
れ、報知新聞、キングレコード、薬品の「どりこの」など、多角経営に乗り出
す。
　しかし、その野間が 1938 年（昭和 13 年）10 月 16 日、満 59 歳で急逝し、社
長職を受け継いだ野間恒も同じ年の 11 月 7 日、29 歳で亡くなった。急遽、清
治の妻、左衛が 3 代目社長となった。そして、講談社は、2009 年（平成 21 年）
創業 100 年を迎え、今も出版界のリーダー役を果たしている。

95

第2章　「出版者」の誕生と冒険 —近代出版が歩んだ道—

講談社社長の野間清治による21ヶ条の編集訓

1. 大いに議論を戦わすべし。然れども狂すべからず。
2. 心をあくまで広く持ちて、多勢のものの意見を聞け。
3. 原稿の執筆を請うとき、及びその後の処分等に手落ちあるべからず。
4. 校正の失敗の実例多し。教育の過程にある少女に対する読物の校正は、特に深甚の注意を要す。
5. 雑誌の売行の不成功に対するときの心構えを予め決定しておくべし。相互に誹謗するが如き醜態あるべからず。
6. 原稿及び既刊の読物を少年部員に読ましめて、批評を聞くべし。
7. 詩は少年少女の間に評判よろしきものなり。活字は余りこまかなるものを用いず、配列に注意を要す。
8. 原稿を依頼する場合には、それぞれの程度を記入することを忘るべからず。
9. 読物の中、悪評を受くるもの一つあれば、それは直ちに全体が悪評を受くることになるもの故、唯一つの悪評なればとてこれをゆるがせになすべからず。
10. 倫理観を養うことに留意すべし。
11. 幼き恋愛を扱えるものは、薄紗を隔ててほのかに花を観るごとき気品高きものたるを要す。
12. 科学知識を面白く取扱えるものをおさむべし。
13. 滑稽大学の如き上品なる滑稽物を入れたし。
14. 入学試験準備を援助する受験に対する態度というが如きものも必要なり。
15. 技巧倒れに陥るべからず。徒らに新しがらず、常に古きものの裡から新しきものを求める態度を取るべし。
16. 投書、懸賞募集の場面を開拓したし。
17. 女児は紙質の良否よりも、紙色の白きを喜ぶ傾向あり。その辺の観察を要す。
18. 目次の画に絵を挿入するのは感じ悪し。
19. 表紙はアート紙の上等石版刷りとすべし。
20. 記者と読者との親密の程度を、どの位になすべきかは、困難なる事項なるが、要するに真面目で軽快なれば事足るべきか。
21. 投書家の信書を綴り込んでおき、通信用に供すべし。読者と相互に好感を持つことに役立つべし。

（出典：社史編纂委員会編、1969a、『講談社の歩んだ五十年 明治・大正編』、pp.527-529、講談社）

第3章

植田康夫最終講義ノート
日本出版学会と出版研究

この章は、植田康夫先生が日本出版学会会長として活躍されていたころの記録の中から、会長に就任された折に『出版ニュース』（2000年7月中旬号）に掲載された「在野的で自立的な学会をめざして」を主論として、出版編集研究部会（共催：出版教育研究部会）での2つの研究報告を収録するものである。

日本出版学会は、1963年3月に設立され「出版およびそれに関連する事項の調査、研究を促進し、研究者相互の協力と連絡をはかり、あわせて内外の学術団体、研究機関と協力し、もって出版文化の向上に資することを目的」としており、設立当初から、多くの出版研究者と実務家の共同の出版研究の交流の場として発展してきた。

総会をかねて行われる「春季研究発表会」と関西地区で行われる「秋季研究発表会」では、多くの研究発表とワークショップが行われている。日常的な研究活動の場として、「学術出版研究部会」「雑誌研究部会」「出版技術研究部会」「出版教育研究部会」「出版産業研究部会（出版経営研究部会と出版流通研究部会が統合）」「出版史研究部会」「出版デジタル研究部会」「出版編集研究部会」「出版法制研究部会」「関西部会」などがある。

第3章　日本出版学会と出版研究

第1節
在野的で自立的な学会をめざして
―日本出版学会会長就任にあたって―

■ 1　出版研究への志

　私がまだ『週刊読書人』の編集部員であった 1967 年 7 月、清水英夫氏が
「出版学の可能性と必要性」という論文を執筆された。その論文は、次のよう
に書き出されている。

> 　最近、「出版学会」の設立が話題になっている。これまでも少数の先覚的
> な出版人のあいだで問題になったことはあるが、いまだに日の目をみるに
> いたらなかった。しかし、ようやく種々の条件が熟し、近い将来、実現の
> はこびとなるもようである。そのときは、先輩の日本新聞学会とともに、
> ジャーナリズム研究の重要な結集点になるのであろうし、またそうしなけ
> ればならない

　この書出しで、清水氏が「近い将来、実現のはこびとなるもようである」と
予測された「出版学会」の設立は、この論文が発表されて 1 年 8 か月後の
1969 年 3 月 14 日、現実のものとなった。

　以来、昨年（1999 年）で、日本出版学会は、設立 30 周年を迎えるに至った
のである。1 つの団体が 30 周年の歴史を重ねるということは、なみたいてい
のことではないが、これほどの重量感のある歴史を重ねることができたのは、
清水氏を含め、学会設立のため端緒となるべき活動を行われた方がいたからで
ある。清水氏の著書である『出版学と出版の自由 ―出版学論文選』（1995 年、
日本エディタースクール出版部）のまえがきによれば、清水氏の「出版学の可能

注記　初出誌『出版ニュース』2000 年 7 月中旬号。出版ニュース編集部のご協力を得て収録。

性と必要性」が発表された約 1 年後の 1968 年 6 月 30 日、清水氏や、布川角左衛門、美作太郎、野間省一、信木三部、吉田公彦、金平聖之助氏ら有志 7 名が出版学に深い関心を持つと思われる人々に対して日本出版学会設立趣意書を送り、その結果、池島信平、寿岳文章、中島健蔵氏ら 17 名による設立準備会が組織され、翌年、日本出版学会が設立されたのである。

1969 年といえば、私自身は『週刊読書人』の編集部に入って 7 年位経った時点で、毎週、無我夢中で新聞編集の仕事をしていた頃なので、出版学会設立のニュースにはあまり関心はなかった。

それでは、仕事だけに夢中であったかというと、そうではなく、実はそれ以前から、出版編集の仕事を理論化できないだろうかという想いを抱いていた。その契機となったのは、1964 年に現代ジャーナリズム研究所が設立されて、『現代ジャーナリズム』という雑誌が創刊されたことと、さらにいろいろな出版社の若い編集者が集まって「明日のジャーナリズムを考える会」という組織が作られ、勉強会をするようになっていたことである。

私は「明日のジャーナリズムを考える会」に参加し、毎月の勉強会で、他社の編集者と交流しながら、編集という仕事がどういう性質のものなのかを考え、この会の機関誌である『考える』に、編集という仕事について論じた文章を発表したこともある。しかし、1960 年代の後半に入って、この会がいつの間にか、開店休業状態になってからは、出版編集の仕事を対象化して考えることはしなくなった。

そんな私が、『出版ニュース』誌の編集長である清田義昭氏に誘われて、出版学会に入ったのは、1970 年代の後半になってからである。これを機会に、再び、出版をめぐる問題について理論的に考えたいと思うようになった。そして、1980 年から、私の出身学科である上智大学の新聞学科で、非常勤講師として「出版論」の講義をするようになり、否応もなく、出版についての理論的考察に力を入れざるを得なくなったが、さらに 1989 年、非常勤講師から専任教員になり、出版研究への志向はさらに強まった。

第 3 章　日本出版学会と出版研究

■ 2　学会の"格差"について

　こうした経麗を持つ私は、今年（2000 年）5 月の出版学会春季研究発表会で
行われた理事会で、8 代目の会長に選ばれた。野間省一、布川角左衛門、美作
太郎、清水英夫、箕輪成男、吉田公彦、林伸郎氏ら錚々たる会長が続いた後の
若輩会長という印象は否めないであろうが、それでも選ばれた以上は、私なり
の努力をしなければならない。

　その努力は、何に向けられなければならないか。そのことを考える場合、ま
ず念頭に浮かぶのは、出版学会と同じく、メディアを研究対象としている日本
マス・コミュニケーション学会のことである。私自身、この学会の会員だが、
専任教員になった年に入会して以来、ずっと春、秋に開かれる研究発表会には
出席している。この学会では、春季研究発表会が東京以外の地域での大学で 2
日間にわたって行われ、秋季研究発表会は東京の大学で 1 日だけの開催となる
が、研究発表は 2 会場ないし 3 会場で同時に行われ、ワークショップでもいく
つかのグループに分かれる。

　これは、マス・コミュニケーション学会の会員数が出版学会の 4 倍近くで、
研究発表会への参加者も多いからだ。残念ながら、この点については、出版学
会はとうていかなわない。研究発表は 1 つの会場だけで行い、ワークショップ
をいくつも設けて、参加者が自分の好みのワークショップを選ぶという形式の
勉強会を行うことは、まだ不可能である。

　以前、出版学会でも春季研究発表会議を 2 日間にわたって行うということを
数年間にわたって実施したが、現在は 1 日だけの開催という、元のスタイルに
戻っている[注1]。

　このように、マス・コミュニケーション学会と比べると、出版学会は残念な
がら、まだ学会としての活動形態に関しては遅れた状態にあるといってよい。
しかし、この遅れは、私自身は仕方がないと思っている。

　というのは、マス・コミュニケーション学会の研究発表会に、大学の専任教
員が出席する場合は、学会出張用の研究費を充当することができ、研究発表会
の開催地に居住する会員以外の出席者は、いずれも開催地の近くに宿泊する形

注 1　現在の出版学会では、春季研究発表会（東京会場）と秋季研究発表会（関西会場）が開催され
　　　ており、それぞれ 2 会場で研究発表やワークショップが行われている。

100

で研究発表会に出席できるので、2日間の開催も可能となる。

これに対し、出版学会の場合は、まだ出版関係の講義を担当する専任教員が少なく、研究発表会への出席者は現場の人たちが多いため、大学に設けられている研究費の恩恵にあずかれるということもない。自前で参加ということになれば、経済的にも時間的にも個人の負担を軽くすることが求められる。こうした事情があるため、出版学会の研究発表会は、マス・コミュニケーション学会に比べると、量的には小規模のものにならざるを得ない。

このような事情が発生するのは、出版学会の林伸郎前会長が、「マスコミ学会の会員数が出版学会のそれよりも遥かに多いということ」の要因としてあげている次のような問題があるからだろう。

> 「…新聞・広報・マスコミ・コミュニケーション・社会情報などの学科・専攻・コース（学部・研究所）を持つ大学はかなりあるのに、出版関係の科目をいくつもそろえて 出版人の養成を目指す出版学科を持つ大学は一つもないという現実の、また新聞学専攻の大学院はあっても、出版学（研究）専攻の大学院は皆無であるという現実の反映であろう」「日本出版学会創立三〇周年を前に」（『出版ニュース』1998年6月中旬号）

このような現実は、大学の専任教員が多いマス・コミュニケーション学会を、大学の中における1つの制度として定着させる力となる反面、出版学会の場合は、大学という制度の中に組み込まれることはないという状況を作り出している。このギャップが、マス・コミュニケーション学会と出版学会の格差を生み出しているといってよいが、私は、この現実を直視し、この現実と対峙することが、出版学会の今後の活動の出発点になると思う。

■ 3　自立性の追求

そこで、私が第一に思うことは、出版学会は、学会という制度に対して安易に歩み寄ることなく、むしろ在野性と自立性を自覚することこそが重要であるということである。その点に関しては、出版学会は創立の当初から、すでにそのことを実践していたといってよい。たとえば、会長は初代の野間省一氏が講談社社長であったことを振り出しに、以後の会長もほとんどが出版現場の出身者である。

第 3 章　日本出版学会と出版研究

　このことについては、学問の純粋性という面から異を唱え、学会の会長は学問の道のみを歩いた人が通切であるという人もいるかもしれない。しかし、私はその意見に反対である。なぜなら、学問というものは最初から完成されたものとして存在するわけではなく、現実を対象化し理論化するという行為を経ることによって、学問は構築されるからだ。

　そうであれば、学問の世界のみを歩くということをせず、現場の体験を豊富に持ち、それでいながら、現場の論理に埋没せず、現場の仕事を対象化し、理論構築への情熱を抱いている人は、学問の世界だけに生きた人と同格に置かれるべきである。

　出版学会の会長は、現場出身の人が多かったということを肯定的に述べたのは、このような考え方が私にはあるからだが、こういう現実は、この学会に在野性という性格を付与したといってよい。そして、在野性は、また自立性を要求する。なぜなら、既成の学会という制度によって保護される度合の低い学会は、存続するためには、自立せざるを得ないからだ。

　この点に関しても、出版学会は、マス・コミュニケーション学会に比べて、早くから自立を実現してきた。たとえば、学会の事務所を自前で確保してきた。とはいっても、出版学会が自分だけでそれを実現できたということではなく、歴代の会長の努力によって、他団体と提携することで、家賃を節約することができるなどのことがあって、事務所の確保ができたのである。今も、日本エディタースクールの教室を会議の場所としてお借りしているが^{注2}、こうした協力があればこその自立である。

　しかし、こうした協力を得ながらも、自立性を実現できているのは、在野性を宿命づけられている者の懸命な努力があったからである。その意味で、在野性と自立性は、セットで考えられねばならない。

　自立性という面では、さらに出版学会は、学会誌の他に、『日本出版史料』という雑誌を編集したり、『布川角左衛門事典』（日本エディタースクール出版部）や『出版の検証 ―敗戦から現在まで』（文化通信社、1996 年）などの書籍の編集にあたった。これは、現場出身、あるいは現場で仕事をしている人が理事にも多いという特性が発揮された成果といってよいが、学会編集による出版企

注2　現在では、日本大学や専修大学のご協力で、日常の理事会や各種の研究部会が開催されている。また、出版学会の事務所も独自に設けている。

102

画は、これからも実現させたい。もちろん、編集料の収入で学会財政をうるおしたいという欲求があることは否定しないが、私自身は、こうした編集作業を、「学会インターンシップ」と呼びたい。つまり、理論研究だけでなく、実践による勉強を、というわけであるが、このような活動も自立性の追求につながる。

そして、自立性の追求という面で、最も求められるのは、出版学構築のための理論を探求することである。この問題については、出版学会は当初から出版学とは何かを問うという姿勢を打ち出していた。これは、清水英夫元会長が学会設立以前の1967年に『週刊読書人』に執筆した「出版学の可能性と必要性」の中で指摘しているように、「世界的に見ても、新聞や電波メディアの研究は大いに進んでいるが、「出版」研究は甚だ立ち遅れているいう事実を認識せざるを得ない状況があったために、かえって出版学とは何かという問題を早くから意識的に問わざるを得なかったせいでもある。

そのため吉田公彦元会長が『出版研究』30号掲載の「出版学」という論文で「出版学会成立前後に清水英夫『出版学の対象と方法』、寿岳文章『出版学の骨格 ―一つの覚書』、中島健蔵『出版学の体系化序説』が発表された」と指摘しているように、出版学会設立当初から出版学の構築をめざす論文が執筆されていたのである。ちなみに清水論文は『総合ジャーナリズム研究』48号に掲載され、寿岳論文と中島論文は『出版研究』1号に掲載された。

その一方で、箕輪成男元会長は、1975年に「〈学〉になりきれない？ 出版学」（『総合ジャーナリズム研究』47号）、「科学以前・科学以後 ―出版学方法序説」（『出版研究』10号）など緻密な出版学の方法について問う論文を発表した。そして、吉田元会長は、「コミュニケーション過程としての出版」（『出版ニュース』1987年3月下旬号）、「出版学の構築をめぐる問題」（『出版研究』24号）などの論文を発表したが、それだけにとどまらず自身が日本エディタースクール出版部で清水元会長の『出版学と出版の自由』（1995年）、箕輪元会長の『出版学序説』（1997年）の刊行にあたり、編集者としての役割も果たした。

このようなダイナミックな行動ができるのは、出版学会の特色であろうが、この他にも、出版学会は創立10周年記念事業として優れた出版研究に授与する「日本出版学会賞」を設けて出版研究の興隆を促進したり、国際フォーラムの開催によって出版研究の国際化を推進している。

第3章　日本出版学会と出版研究

　こうした努力によって、近年の春季研究発表会や関西集会（現・秋季研究発表会）での研究発表では、大学院生の発表が増えてきた。また、各種の研究部会では、出版現場の人々による証言の聞き取りなども行っているが、私が会長の期間にぜひ実現したいのは、出版学会の諸先輩が集められた出版史料を閲覧できる展覧会の開催である。そして、混迷の続く出版界に提言のできる実学的な研究調査を行えればと思っている。よろしく、ご支援の程お願いしたい。

バイタリティのある学会をめざして

植田康夫（会報118号　2006年5月）

　2000年に第一期目の会長に就任した時、『出版ニュース』に寄稿した抱負の弁は、「在野的で自立的な学会をめざして」という題名だった。これは、日本マス・コミュニケーション学会の理事が大学の教員によってほぼ占められていることへの対抗意識を反映したものであったかもしれない。

　あれから6年、日本出版学会は、さまざまな模索を行ってきたが、この命題の達成度は、理事や会員諸氏のご協力によって、かなりの水準に達したと自負している。

　そして、この数年、学会としての装いも整えられてきた。たとえば、春季研究発表会で研究発表の会場が2つも必要になったということもその1つであり、さらに研究発表に際しての予稿集の充実もめざましいものがある。

　かつて、吉田公彦会長時代に、企画調査委員会の一員として、中陣隆夫会員と共に、冊子体のレジメ集を作り、日本マス・コミュニケーション学会にあやかって、春季研究発表会を土曜、日曜の2日間開催にした頃のことを想い出す。あの時のレジメ集に比べると、現在の予稿集は格段の差があるが、春季研究発表会の2日間開催は、残念ながら続けることはできなかった。

　日本マス・コミュニケーション学会は、大学教員の会員が多く、地方で2日間開催される春の学会にも、大学による出張費が支給されるので、一定の参加者が確保されるが、出版学会には、そのような特権のある会員が少なかったからである。このような理由によって、春季研究発表会の2日間開催は不可能になったが、それでも、昨年は秋季研究発表会を、岡山在住の会員や関西部会の会員のご努力によって、岡山で開催した。従来は、東京以外での開催というと、大阪か京都だけであったが、もっと会場を西へという願いがかなったわけである。

　ところで、私が会長になってから、会員の共著によって、『白書出版産業』を文化通信社から刊行することができた。同社からは、以前にも、『出版の検証』という学会員による共著書を刊行してもらったことがあるが、これら2冊の共著については、印税を学会の方に入れさせていただいたので、学会の財政にも寄与した。『白書出版産業』は、新しいデータに基づいて、改訂版を何年かごとに刊行することになっているので、またご協力をお願いしたい。学会の出版物は、この他にも35年史の編集が進んでおり、これは来年の刊行になる。その前に、今年（2006年）秋には東京経済大学との共催で、「第12回国際出版研究フォーラム」が開催される。これによって出版研究の国際化を推進したいと思う。

第 3 章　日本出版学会と出版研究

第 2 節
『週刊読書人』と出版ジャーナリズム

（2013 年 11 月 19 日　日本出版学会「出版編集研究部会」記録より）

■ 1　エディターシップと「知」の創生

　私が上智大学に入学し、『週刊読書人』と出会ったきっかけ、どのような仕事をしてきたのかについてお話をしたいと思う。

　『週刊読書人』は、今年でちょうど創刊 55 周年を迎えた。創刊年の昭和 33 年は私が上智大学文学部新聞学科に入学した年であり、創刊号を大学の近くの書店で手に入れ、以降ずっと購読していた。

　創刊号の 1 面を見ると、佐藤春夫の書評論など非常に豪華なメンバーが執筆しており、なかなかバラエティに富み、連載も充実していた、そういう新聞に私は出会って夢を育んできた。

　私は中学校、高校生の頃、大きな影響を受けた 2 冊の本がある。1 冊目は中学の頃、田舎で取り寄せて読んだ小川菊松さんの『出版興亡五十年』、2 冊目は酒井寅吉さんの『ジャーナリスト』だ。小川さんは誠文堂新光社の創業者で、出版界の変遷、自社の変遷を書いており、今読んでも現場で役立つ面白い本である。酒井さんは戦前『朝日新聞』で活躍され、戦後は『産経新聞』や『東京新聞』に移ったが、『ジャーナリスト』からはジャーナリズムという仕事が他の仕事とは違って、倫理観を伴う仕事であることを教えられた。この 2 冊の影響を受けながら私は将来ジャーナリズム関係の仕事に就きたいと思うようになり、上智大学新聞学科に入った。そして卒業の年の 3 月に『週刊読書人』の編集者募集があり、試験を受けて入社した。

　入社後はレポートや書評ページを担当したが、1963 年（昭和 38 年）、入社 2 年目に「戦後史の遺産の継承」という思想の科学研究会の討論会のレポートを執筆した。その時の報告者の一人だった見田宗介さんは当時大学院生だった

106

が、戦後史について鋭く洞察されていたので、1面に「戦後体験の可能性」という論文を書いてもらい、好評を博した。

印象に残っているのは三島由紀夫さんのインタビューである。川端康成、石川達三、有吉佐和子さんとのロータリー形式のインタビューであった。また、「ルポ・ライターの見た戦後史」という題名で梶山季之、草柳大蔵さんに対談してもらった。お二方とも昭和30年代に出版社系の週刊誌の記事を担当されていたので、1965年（昭和40年）という戦後20年を迎えた年に戦後週刊誌のリポーターとして戦後日本で起きたこと（安保闘争、東京オリンピック、松川事件など）を語っていただいた。

さらに草柳グループの松浦総三さんを紹介していただき、草柳さんの提案で「戦後史の現場検証」という連載を企画し、事件を取材した経験を持つ方々に執筆してもらった。その中でも1949年（昭和24年）に起きた松川事件について当時TBSのプロデューサーだった吉永春子さんにも書いていただいたが、これは非常に面白い内容であった。「戦後史の現場検証」は1967年（昭和42年）1月から始まって、毎週続いた。若き日の田原総一朗さんには三池の問題などを書いてもらい、評判がよかった。「戦後史の現場検証」の発端は草柳さんと梶山さんとの対談だが、そこで企画を膨らませていくことができ、企画というのは「無から有を作る」のではなく、既成のものから立ちあげていくということではないかと思った。

1967年（昭和42年）3月13日号からは「読書人コーナー」「大宅マスコミ塾入門記」を始めた。「読書人コーナー」では寄稿原稿ではなく、自社の原稿で、すべての記事にインデックスをつけた。第1回のマガジンレーダーでは総合雑誌、文藝雑誌が次の号で何を掲載するかを紹介し、新聞広告よりも早く次号の内容を知ることができるというので好評で、今もこの記事は続いている。「大宅マスコミ塾入門記」は大宅塾の第1期生であった私が書いた聴講レポートであった。

昭和45年（1970年）には『週刊読書人』と並行して、週末は『女性自身』のアルバイトでアンカーをやり、そのとき『女性自身』の「シリーズ人間」からヒントを得て編集者、ライターであまり知られてない人物についてスポットを当てる「読書人ヒューマンストーリー」という読み物を作った。この人間ドキュメントは4年くらい続いたが、単なるインタビューではなく、ストーリー

形式で人物を描いたのが特徴である。1970 年（昭和 45 年）1 月 5 日号で、発行部数 150 万部といった当時では脅威的な部数を発行することになった『少年マガジン』編集長の内田勝さんを取り上げたことが印象に残っている。

1970 年（昭和 45 年）11 月 22 日は大宅壮一さんが亡くなられ、その 3 日後の 25 日は三島由紀夫さんが自決をした日であるが、元々大宅さんの追悼記を 1 面で用意していたのが、一晩で三島由紀夫さんについて 3 人の方に書いてもらい、1 面で三島由紀夫さん、2 面で大宅壮一さんを追悼してもらったという記憶がある。1975 年（昭和 50 年）8 月に大森実さんの「戦後秘史」、10 月に哲学者の久野収さんと文芸評論家の荒正人さんに「戦後をつくった本」という対談をしてもらったが、これは喋りの原稿であった。今ではこういう形は多いが、書き原稿があまりにも落ち着きすぎているのに対して、喋り原稿は動きがあり、1 面での掲載が多くなっている。

また戦後ベストセラーの代名詞だった「カッパブックス」を出していた光文社の社長だった神吉晴夫さんにも 1975 年（昭和 50 年）に連載を執筆してもらったが、神吉さんは書籍出版においては編集者が主体になると考えた人であった。「読書人コーナー」以外に「ジャーナル '70」という欄や永六輔さんの「活字ジョッキー」が始まり、「活字の内幕」、10 年以上矢来神三というペンネームで出版界のことを連載している「活字シアター」がある。

たまたま手に入れた『週刊読書人』に入り、1989 年（平成元年）に上智大学に移って 15 年間専任教員を務めたが、もう一度、編集主幹で現場に戻った。今年（2013 年）は代表取締役になったが、仕事は同じである。毎週仕事にたずさわり、時間が過ぎていく。『週刊読書人』という新聞は書評新聞だが、いろんな体験ができる場所かと思っている。

私は出版という言葉自体をもう少し広い概念で考えるべきだと思っており、英語の publish とフランス語の publier という言葉は「どちらも出版するという意味以外に公表する、発表する」という意味がある。そのように考えると、「エディターシップの新たな可能性が広がっていく」と思う。

出版は印刷媒体だけでなく、音声や映像の記録、あるいは講演会やシンポジウムにまで広げることができ、それらの企画、製作、プロデュースもエディターシップによる「知」の創生であると言える。

戦後教育第1世代の読書環境

（会報134号　2013年1月）

　1939年（昭和14年）4月から1940年3月にかけて生まれた人間は、1946年（昭和21年）4月に小学校に入学したので、純粋の戦後教育第1世代と言ってよい。1939年（昭和14年）8月生まれの私も、その世代に属する。しかし、この世代は小学校1年生の時、なさけない体験をしている。それは、せっかく小学1年生になりながら、終戦直後の物資不足のため、新しいランドセルも買ってもらえず、服を新調してもらったという記憶もない。

　そのうえ、学校に行くと、最初、前年の1年生が使った教科書を配布されながら、すぐに戦後の教育にふさわしくないという理由で回収され、その後に配布された教科書は、新聞紙を折りたたんだ体裁のもので、ハサミで折れ目を切って、自分で製本しなければならなかった。印刷も単色で、今のようにカラー印刷の教科書ではなかった。

　そんな貧しい純粋戦後教育第1世代がカラー印刷による出版物に接することができたのは雑誌であった。その雑誌は、『ぎんのすず』という題名で、低学年向けと高学年向けがあり、高学年向けは漢字で『銀の鈴』と表記されていた。

　私は、小学校の1年生から高校3年生まで、島根県の片田舎に住んでいたが、この雑誌は広島に本社のある出版社で発行され、学校で教師が注文を取って販売していた。その『ぎんのすず』を、毎号であったかどうかは忘れたが、私も買ってもらった。小説や学習記事、読み物などが掲載され、広島で発行された雑誌でありながら、内容が充実していた。

　出版学会の大先輩である金平聖之助さんによると、この雑誌は戦争のために東京から疎開していた作家や画家を起用していたので、東京の出版社で発行された雑誌と見劣りのしないものを作り得たという。この雑誌が私を雑誌の世界に導いたのであるが、残念ながら発行元が倒産したため、休刊となった。それ以後は、東京の出版社である講談社発行の『少年クラブ』などを読むようになったが、当時の児童雑誌の定価は90円位で、今の物価に換算すると、結構高かったので、年に数回しか買えなかった。こんな読書環境が活字に対する欲求を生み、現在の私を作ったと言ってよい。

第3章　日本出版学会と出版研究

第3節
『出版の冒険者たち。』への讃歌

（2016年7月7日　日本出版学会「出版編集研究部会」講演記録より）

■ 1　活字を愛した者たちのドラマ

　2016年の3月に『出版の冒険者たち。―活字を愛した者たちのドラマ』という本を水曜社から刊行した。

　これは同社から、2009年に刊行した『本は世につれ。―ベストセラーはこうして生まれた』と『雑誌は見ていた。―戦後ジャーナリズムの興亡』に次ぐ本で、現代の出版界を読み解く3部作の最終巻である。

　『週刊読書人』に「活字シアター」というタイトルで出版社や書店の活動を読み物風に紹介する連載を始めたのは、2002年11月1日号からで、最初の連載は、「ポプラ社の会長、社長の巻」が始まっている。

　二段横長の新聞小説風のスタイルの記事であったが、執筆者名は「矢来神三」とした。「矢来」とは、『週刊読書人』の編集室がある矢来町から取っており、「神三」の神は神楽坂の「神」を意味し、「三」は執筆者が3人くらいになるのでこの数字を執筆者名に用いた。結局、執筆に関わったのは延べ5人となったが、最も多く執筆したのは、この連載を企画した私であったため、本書の著者名は植田とした。

　私は、この連載では出版社や書店の活動を物語風に紹介することを意図し、連載のタイトルを「活字シアター」とした。「活字シアター」という読み物に読者が関心を持ってもらえると思ったからである。

　こうして始まった「活字シアター」は、最初の頃は新潮社が「新潮新書」を創刊したという、トピック的話題も取り上げたが、次第に出版社や書店の歴史を描くことに力を注ぐようになったため、1つの巻の回数が長くなっていった。

110

第3節 『出版の冒険者たち。』への讃歌

　しかし、歴史を描くことで、取り上げた出版社や書店の活動をより深く伝えることができたと思っている。連載は11年以上に及び、2014年12月12日号の冨山房の巻（561回）で終わっている。

　本にまとめるにあたっては出版社に絞り、ポプラ社、二玄社、小学館、大修館書店、冨山房、暮しの手帖社、農山漁村文化協会の7社を取り上げた。

　これ以外の出版社では法蔵館なども、歴史を詳しく紹介し、書店では今井書店グループ、宮脇書店、煥乎堂なども歴史を詳述している。また講談社や日販などの読書推進活動なども取り上げたが、今回は収録しなかった。

　その結果、出版社数は前記の7社となったが、以下、その概要を紹介する。

　第1章　ポプラ社〈書店まわりを実践し児童書出版の域を超える〉

　田中治男会長が、月曜日から日曜日まで毎朝5時45分に車で出勤し、同社は田中会長を筆頭に書店まわりによって読者を開発し、児童書出版から一般書へと出版ジャンルを広げていった様子を紹介した。

　第2章　二玄社〈「故宮」に魅せられた出版人〉

　会長の渡邊隆男氏が "故宮" に魅せられ、その美術品の複製まで行うようになったことに焦点を当てた。

　第3章　小学館〈「本は一生の友達」学年誌を幹に花開く〉

　学年別学習雑誌を幹として花開き、今は、総合出版社として大を成していることを紹介した。

　第4章　大修館書店〈「天下の公器」を信条に良書出版を貫いて九十年〉

　世界最大の漢和辞典『大漢和辞典』の刊行に成功したことなどを紹介した。

　第5章　冨山房〈困難と闘い名著大著を刊行〉

　『大言海』などの大きな辞典の刊行に力を注いだその苦難の歴史を紹介した。

　第6章　暮しの手帖社〈"一銭五厘の旗" と暮しを守って〉

　花森安治、大橋鎭子氏による『暮しの手帖』発行の歩みをたどった。

　第7章　農山漁村文化協会〈「農村空間の時代」21世紀を拓く〉

　農村を対象にしながら、新たな出版の方向を切り開いている様子を伝えた。

　このように個性的な活動を行ってきた出版社の形成史を読み物風にたどった。ご登場くださった出版社の方々と併せてお礼を申しあげたい。

111

第 3 章　日本出版学会と出版研究

■ 2　「出版の冒険者たち。」のめざしたもの

　これらの特色ある出版活動を紹介したが、共通しているのは、いずれの出版社も、「出版の冒険者」という言葉を体現していることである。

　ポプラ社は、1947 年（昭和 22 年）に田中治男氏が小学校時代の恩師である久保田忠夫と創立し、最初は児童書の出版でスタートし、のちに坂井宏先氏が社長として就任し、『ズッコケ三人組』などの大ベストセラーを出版し、一般書の出版にも乗り出した。

　小学館は、1922 年（大正 11 年）に『小学 5 年生』『小学 6 年生』を創刊して、学年別学習雑誌というジャンルを拓き、大修館書店は、鈴木一平が学生を対象とした参考書の出版を行い、1923 年（大正 12 年）の関東大震災を機に決定版の漢和辞典『大漢和辞典』を諸橋轍次の編集によって刊行する。

　冨山房は、高知県から上京した坂本嘉治馬が最初は本屋を開業し、やがて大槻文彦の『大言海』を刊行するに至る。これらの大部の辞典が、出版に長期の年月と多額の資金を要したが、彼らはただひたすら「後世に残る出版物を刊行する」という気持ちで、出版にとりくんだ。

　冒険とは、言い換えれば、「出版人にとって必須の条件である創造力の具現化」に置き換えることができるといえる。この創造性という命題は、考えてみれば平凡な真理かもしれないが、しかし現在の出版にこそ最も要請されるものであるということを、いま改めて感じざるを得ない。出版という行為は、「はじめに創造力ありき」という言葉に尽くされるのだが、このことを認識するまでには、私自身も何年間かにわたる彷徨が必要であった。この本に収めたレポートは、そうした彷徨の軌跡といえるかもしれない。

　読み物風に 7 つの出版社の「夢と冒険」を紹介したが、これは、とかく暗い話題の多い出版界にあって、「1 つの道を切り開こうとする出版人」にスポットを当ててみたいという筆者の願望が投影されている。それは、同時に「日夜、出版現場で模索する出版人」へのエールでもある。　何か 1 つでも、これからの出版活動のヒントになれば筆者にとって一番の幸せである。

　この研究部会では、上記の 7 社から 3 人の出版人に焦点を当て報告させていただいたが、「出版の冒険者たち。」への讃歌としたい。

索　引

〈ア行〉

井家上隆幸…… 14,16,17,18
岩崎勝海………………… 26
委託制………………… 42
委託販売………………… 40
委託販売制…30,31,33,34,62
一次取次………………… 48
岩波茂雄………………… 38
岩波茂雄伝……………… 39
岩波書店七十年………… 39
　　　　　　●
梅棹忠夫………………… 26
売捌所…………………… 46
　　　　　　●
エキスパート………… 22,23
エディターシップ
　…… 14,20,28,106,108
　　　　　　●
大橋佐平………………… 56
大橋新太郎……………… 56
大宅マスコミ塾入門記… 107
小川菊松……………… 8,106
面白倶楽部……………… 92

〈カ行〉

買切制度……………… 32,40
金平聖之助………… 25,109
　　　　　　●
清田義昭………………… 99
キング…………………… 94
　　　　　　●
黒衣(論)………………… 15
　　　　　　●
外典……………………… 43
現代ジャーナリズム研究所
　………………………… 99
現代の出版……………… 13
　　　　　　●
講談倶楽部
　…… 80,81,82,84,85,90,91
講談師問題……………… 88

講談社………… 66,67,68,83
　ーの歩んだ五十年… 79,88
小宮山量平……… 14,22,24

〈サ行〉

再販制………………… 35,42
再販売価格維持制度…… 35
在野制…………………… 102
酒井寅吉……………… 8,106
雑誌王国………………… 95
雑誌元取次……………… 48
　　　　　　●
私設文部省……………… 95
実業之日本社
　………… 32,62,63,65,66
地本問屋……………… 45,46
清水英夫………………… 100
週刊読書人
　11,98,99,103,106,107
出版……………………… 14
　ーとは何か…………… 14
　ーの原点……………… 14
　ー論…………………… 99
出版学序説……………… 104
出版学会…………… 98,100
出版研究……… 98,99,103
出版研究(誌名)… 14,25,103
出版興亡五十年……… 8,106
出版取次………………… 45
出版ニュース(誌名) 99,105
出版の検証(書名)……… 102
出版の冒険者たち。(書名)110
出版流通とシステム(書名)45
少年倶楽部(書名)……… 92
正札販売………………… 38
自立性…………………… 102
新取次…………………… 42
　　　　　　●
誠文堂新光社………… 8,106
競取り屋(せどり屋)…… 47
　　　　　　●

創造性…………………… 112
創造の担い手…………… 26

〈タ行〉

大日本図書…………… 73,75
大日本雄弁会…………… 74
立川文庫………………… 81
　　　　　　●
知的創造………………… 24
知の創生………… 7,106,108
　　　　　　●
直接取引………………… 34
直販……………………… 40
著作物…………………… 26
　　　　　　●
定価販売……… 35,36,38,40
適用除外……………… 36,40
　　　　　　●
東京雑誌売捌営業者組合 37
東京雑誌販売業組合…… 37
東京堂………… 41,49,53
独占禁止法…………… 35,40
　ーの適用除外……… 36,40
外山滋比古………… 14,18,20
取次……………………… 46

〈ナ行〉

七大取次………………… 42
　　　　　　●
日配……………………… 41
日露戦争実記…………… 58
日清戦争実記…… 56,57,58
日本出版学会…………… 97
日本出版百年史年表…… 32
日本大家論集………… 50,51
日本マス・コミュニケーショ
　ン学会………………… 100
入銀………………… 33,62
　　　　　　●
布川角左衛門…………… 25
布川角左衛門事典(書名) 102

索 引

●
値引き…………… 35,37,38
値引販売………………… 39
●
野間省一………………… 100
野間清治
…… 68,70,71,78,85,96
―の21ヶ条の編集訓 96

〈ハ行〉
媒介者………………… 21
博文館… 37,49,50 ～ 60,64
―五十年史…… 50,52,53
―の全集………………… 61
●
非再販………………… 39
百万塔陀羅尼…………… 43
●
婦人世界…… 30,31,32,33,62
仏典…………………… 43

部分再版………………… 39
文化的創造物…………… 26
●
編集………………… 15,25
―感覚………………… 28
―行為………………… 27,28
―とは何か……………… 25
―の根幹………………… 15
―論…………………… 14,25
編集者………………… 15,16,27
―黒衣（論）…………… 15
―の仕事………………… 16
―の役割………………… 15
―論…………………… 26
返品自由………………… 30,60
返品制………………… 30,32,33
●
本は流れる（書名）……… 46
本屋新七………………… 42,43
本屋仲間………………… 45,46

〈マ行〉
増田義一………………… 65,66
●
箕輪成男………………… 100,103
美作太郎………………… 14,100
●
村田五郎………………… 73,75
●
メディエーター………… 21
物語 講談社の100年
… 70,73,74,77,80,81,87
〈ヤ行〉
山口昌男………………… 14,20,21
●
雄弁（書名）…… 69,75,76,77
雄弁会………………… 67
吉田公彦………………… 100,103
四大取次………………… 41

植田康夫先生への鎮魂歌…あとがきに

　1980年代の初めに、出版学を学び始めたころ、「1冊の本」と出会った。『現代の出版 ―魅力ある活字の世界』と題されたその本の著者が、植田康夫先生である。『現代の出版』は、私の出版学を学ぶ「恩師」となり、深く心に刻まれたまま、私の本箱で眠っていた。

　時が流れ、2002年にオーム社を定年退職した私は、出版メディアパルを設立すると同時に出版研究の場として、出版学会の研究部会に頻繁に顔を出すようになった。そんな時期に植田先生は、出版学会会長として活躍しておられた。本箱の中の「恩師」との再会である。

　新刊書を発行するたびに神楽坂の「読書人」を訪れ、植田先生とひと時の会話することを楽しみにしていた。そんな至福の時間は、もう訪れないが、植田先生の遺稿集を発行することで、先生への鎮魂歌に代えたい。

2018年8月

出版メディアパル編集長　下村昭夫

◎著者略歴

植田　康夫（うえだ・やすお）

1939 年 8 月 26 日、広島県呉市に生まれる。

1962 年：上智大学文学部新聞学科卒業後、読書人編集部に入社。

1967 年：「大宅壮一東京マスコミ塾」一期生で学び、出版論を学問として確立。以降『週刊読書人』編集長などを経て、上智大学新聞学科教授、出版ジャーナリズム評論家として活躍した。書評専門紙「週刊読書人」編集長、上智大学教授、「読書人」代表取締役社長、「大宅壮一文庫」監事、日本出版学会会長などを歴任。

2018 年 4 月 8 日　死去

〈主な著書〉

「本は世につれ。」「雑誌は見ていた。」「出版の冒険者たち。」（以上、水曜社）、編著「戦後史の現場検証」（創元社）、「新装版　現代の出版 ―魅力ある活字の世界」（出版メディアパル）など多数あり。

本の未来を考える＝出版メディアパル No.34
「知の創生と編集者の冒険」
© 2018　植田玉江

2018 年 9 月 10 日　　第 1 版　第 1 刷発行

著　者：植田康夫
発行所：出版メディアパル　〒272-0812　市川市若宮 1-1-1
Tel & Fax：047-334-7094
e-mail：shimo@murapal.com
URL：http://www.murapal.com/

カバー・デザイン：あむ／荒瀬光治　　組版・校正協力：蝉工房
カバー・イラスト：須田博行　　　　　印刷・製本：平河工業社

ISBN　978-4-902251-34-0　　　　　　　　　　　　　Printed in Japan

● 本の未来を考える＝出版メディアパル No.25

本づくりこれだけは〈改訂4版〉 ―失敗しない ための編集術

下村昭夫 著　　　　　定価（本体価格 1,200 円＋税）　A5 判　104 頁

● 本の未来を考える＝出版メディアパル No.32

校正のレッスン〈改訂3版〉―活字との対話のために

大西寿男 著　　　　　定価（本体価格 1,600 円＋税）　A5 判　160 頁

● 本の未来を考える＝出版メディアパル No.29

編集デザイン入門〈改訂2版〉 ―編集者・デザイナーの ための視覚表現法

荒瀬光治 著　　　　　定価（本体価格 2,000 円＋税）　A5 判　144 頁

● 本の未来を考える＝出版メディアパル No.31

出版営業ハンドブック 基礎編〈改訂2版〉

岡部一郎 著　　　　　定価（本体価格 1,300 円＋税）　A5 判　128 頁

● 本の未来を考える＝出版メディアパル No.30

出版営業ハンドブック 実践編〈改訂2版〉

岡部一郎 著　　　　　定価（本体価格 1,500 円＋税）　A5 判　160 頁

● 本の未来を考える＝出版メディアパル No.23

電 子 出 版 学 入 門 〈改訂3版〉

湯浅俊彦 著　　　　　定価（本体価格 1,500 円＋税）　A5 判　144 頁

● 本の未来を考える＝出版メディアパル No.33

出版社のつくり方読本 付 一人出版社 出版メディアパルの舞台裏

岡部一郎・下村昭夫 共著　　　定価（本体価格 1,200 円＋税）　A5 判　132 頁

● 本の未来を考える＝出版メディアパル実務書

小出版社の夢と冒険 ― 普及版 書店員の 小出版社巡礼記

小島清孝 著　　　　　定価（本体価格 1,800 円＋税）　A5 判　420 頁

SMP mediapal 出版メディアパル　担当者 下村 昭夫

〒 272-0812　千葉県市川市若宮 1-1-1　　電話＆ FAX：047-334-7094